N & K

Richard Weihe

Meer der Tusche

Erzählung mit zehn Bildern

Nagel & Kimche

Autor und Verlag danken dem
Präsidialdepartement der Stadt Zürich
und dem Migros-Kulturprozent
für ihre freundliche Unterstützung.

1 2 3 4 5   07 06 05 04 03

© 2003 Nagel & Kimche
im Carl Hanser Verlag München Wien
Herstellung: Meike Harms und Hanne Koblischka
Satz: Satz für Satz. Barbara Reischmann
Druck und Bindung: Friedrich Pustet
ISBN 3-312-00312-1

I

Am 26. April mittags erreichten die Boten nach durchrittener Nacht die Nordgrenze und übergaben dem befehlshabenden General Wu Sangui ein Schreiben. Darin stand, dass der Rebellenführer Li Zicheng am Vortag in Peking eingefallen war und die Hauptstadt besetzt hielt. Der Kaiser habe sich angesichts des drohenden Unheils erhängt. Die Zukunft der Dynastie baumelte in der Luft.

Der General war mit der Aufgabe betraut, die Grenze gegen das Volk der Mandschu zu sichern. So nannten sich die vereinigten Dschurdschen-Stämme der Mandschurei. Die Stadt Shenyang hatten sie zu Mukden umgetauft. Von der neuen Hauptstadt dehnten sie ihre Macht allmählich nach Westen aus, ins Grenzland zu China, bis an die Große Mauer.

In seiner Verzweiflung und unter dem Druck der Ereignisse öffnete General Wu die Grenze und bat die starken Mandschus um Hilfe für einen Feldzug gegen den Rebellen Li. Die Nachbarn zögerten nicht, dem Gegner beizustehen. Mit vereinten Kräften gelang es den noch kurz zuvor befeindeten Truppen, Li aus der Hauptstadt zu vertreiben. Dies geschah am 2. Juni.

General Wus Truppen folgten den Aufständischen auf den Fersen, als sie sich nach Westen zurückzogen. Am 6. Juni nahmen die Mandschus ihrerseits Peking ein, ohne auf Widerstand zu stoßen. An diesem Tag begann ihre Eroberung Chinas. Es war der Frühsommer des Jahres 1644. Die Mandschus beendeten die dreihundertjährige Herrschaft der Ming und riefen den Beginn eines neuen Zeitalters aus.

Allerdings war der Süden des riesigen Reiches noch nicht eingenommen.

2 Der Begründer der Ming-Dynastie hatte von seinen zahlreichen Frauen und Konkubinen zweiunddreißig Kinder, davon sechsundzwanzig Söhne. Sein siebzehnter Sohn wurde im Jahre 1378 geboren. Er erhielt den Titel des ersten Königs von Ning und begründete die Ning-Linie des Kaiserhauses. Der Kaiser belehnte ihn mit der südlich des Jangtse gelegenen Provinz Jiangxi. Deren Hauptstadt war Nanchang, und Nanchang blieb über die Jahrhunderte hinweg der Stammsitz der Ning-Linie. Der König mit fünfundzwanzig Brüdern hatte selbst auch viele Kinder. Als einer ihrer zahllosen Nachkommen kam 1626, in der elften Generation des Yiyang-Zweigs der Ning-Linie, Zhu Da zur Welt.

Die folgende Geschichte handelt von Zhu Da, dem Prinzen von Yiyang, dem fernen Abkömmling des Königs von Ning, des siebzehnten Sohns des Stammvaters der Ming.

Als Prinz genoss Zhu Da eine behütete Kindheit im Palast, voller Glanz und Reichtum. Im Alter von acht Jahren begann er Gedichte zu schreiben. Auch zeigte er schon früh eine besondere Fähigkeit beim Siegelschnitzen. Wegen seiner Talente wurde er gehätschelt und bewundert. Es waren unbeschwerte Jahre voller Zukunft.

3 Zhu Das

Der Vater betätigte sich als Maler und Kalligraph. Auch dessen Vater war ein Maler und Gelehrter gewesen, über den man ehrfürchtig sprach.

Für Zhus Kammer hatte ihm sein Großvater ein Rollbild mit einem Drachen gemalt. Der Drache erschien dem jungen Zhu als das größte Wesen, das es gab. Der schlangenhafte Körper wand sich in rhythmischen Schlingen und wirkte so lebendig, dass Zhu jeden Morgen froh war, seinen Drachen in unveränderter Stellung auf dem Bild zu sehen.

In seinen Träumen löste sich das Feuer speiende Ungeheuer vom Papier und der kleine Zhu musste ins Wasser springen, um sich zu retten. Er tauchte unter und die Flammen verwandelten sich auf der Wasseroberfläche zischend in Dampf. Durch das Wasser emporblickend sah er die grün schimmernden Augen und die aufgeblähten Nüstern des Drachen in einer Dampfwolke. Auch im Morgenlicht wirkte der Drache, als könnte er jeden Moment vom Papier fliegen oder dadurch entweichen, dass er das Papier um sich herum in Brand steckte. Je nach Lichteinfall schien die schuppige Haut des Ungeheuers grünlich bis türkis zu funkeln.

Doch der Großvater hatte keine Farben verwendet, nur schwarze Tusche auf bräunlichem Papier.

An einem seiner ersten Geburtstage malte ihm der Vater eine riesige Lotusblume. Zhu hatte eine solche Blume noch nie gesehen und kannte auch deren Namen nicht.

Sein Vater legte ein großes Blatt Reispapier auf den Boden und griff nach dem Pinsel mit den verdichteten Haaren. Er tränkte ihn mit Tusche und strich das Haarbüschel an einem Stein ab, der die Form eines Pfirsichs hatte. Dann fuhr er mit einem einzigen langen, satten

Pinselzug in einem leichten Bogen von unten nach oben über das Blatt. Das obere Ende des Strichs entfaltete sich unter seiner Hand zu einer Blüte.

Am unteren Ende des Blumenstiels malte der Vater über die ganze Breite des Blattes eine Fläche in schimmerndem Grau, das sich stellenweise zu dunkleren Flecken verdichtete. Nachdem die Tusche getrocknet war, hängte er das bemalte Papier an die Wand.

Nun bemerkte Zhu, dass der schlanke Stängel der Lotusblume aus einer schlammigen, schmutzigen Wasserfläche emporwuchs, um in der klaren Frühlingsluft ihre Blüte zu öffnen.

Sah er denn nicht eine Blüte? Aber warum erschien sie ihm weiß? Hatte sein Vater den Pinsel nicht in pechschwarze Tusche getaucht?

Einige Blätter schwammen auf dem Wasser, und Zhu meinte gar eine sanfte Brise zu spüren, die über das Wasser hinwegstrich, den Stängel leicht krümmte und ihm das Parfüm der Blüte in die Nase wehte.

Sein Vater saß ruhig da, betrachtete stirnrunzelnd das Blatt und sagte kein Wort. Vielleicht hätte er in diesem Moment gerne etwas gesagt über diese Blume, die an der Wand hing, zu seinem Sohn, der sie mit weit geöffneten Augen und zusammengepressten Lippen ansah.

Doch sein Vater blieb stumm. Zhu hatte seinen Vater noch nie reden hören. Und doch war ihm, als kennte er seine Stimme.

Sie saßen da, nebeneinander, und betrachteten das Bild. Zhu meinte plötzlich, röchelnde Laute aus der Kehle seines Vaters zu vernehmen und ergriff seinen Arm. Doch sein Vater hatte nichts gesagt, wendete nur den Kopf, blickte ihn mit seinen alten wässerigen Augen an, und die

Linie zwischen seinen Lippen verzog sich an den Enden ein wenig nach oben.

– Du hast vorhin gegluckst, Vater, sagte Zhu. Wie ein Fisch unter Wasser.

Sein Blick heftete sich wieder auf die Lotusblume.

Der Fisch blieb stumm.

– Wahrscheinlich hast du mir schon alles gesagt.

4 Einmal ließ ihn der Vater barfuß in ein Becken voll Tusche treten und dann über die Länge einer Papierbahn hinweggehen. Zhus Fußabdrücke waren anfangs nass und schwarz, wurden von Schritt zu Schritt heller, bis sie kaum mehr zu sehen waren. Dann hüpfte er vom Papier wieder auf den Holzboden.

Der Vater griff zum Pinsel und beschriftete das Rollbild am oberen Rand: *Ein kleiner Abschnitt auf dem langen Weg meines Sohnes Zhu Da.* Und weiter unten: *Ein Weg kommt zustande, indem er begangen wird.*

Zum Palast gehörte eine eigene Werkstatt zur Herstellung von Pinseln und Tusche. Zhu schaute gerne dem Meister und seinen Gehilfen bei der Arbeit zu. Die Werkstatt war düster und staubig wegen der offenen Öfen. Dort aus dem Feuer stammt sein farbiger Drache, dachte Zhu, und auch die weiße Lotusblume.

Eines Tages, nachdem er wiederholt gebettelt hatte, erklärte ihm der Meister, wie die Tusche gemacht wird.

– Zur Herstellung benötigen wir zwei Zutaten, sagte er, Ruß und Leim. Vom Ruß kommt die Farbe, der Leim bindet sie. Wir mischen beide und verarbeiten sie in Mörsern zu einer knetbaren Masse. Diese Paste pressen wir in vorgefertigte Holzformen und lassen sie trocknen, bis sie ganz hart ist.

– Was ist Ruß?, wollte Zhu wissen.

– Wir sammeln im Wald harzreiche Zweige alter Kiefern. Die verbrennen wir im Ofen. Übrig bleibt ein feines schwarzes Pulver. Dieses Pulver ist der Ruß.

– Und wie macht Ihr den Leim?

– Um Leim herzustellen, lassen wir aus dem Bezirk Dai Hirschgeweihe kommen. Wir zerschneiden das Horn in fingerlange Stücke und legen sie in den Fluss. Sie bleiben zwölf Tage und zwölf Nächte im Wasser, bis sie ganz ausgewaschen und sauber sind. Dann legen wir die Stücke in eine große Pfanne. Wenn man sie lange genug kocht, werden sie zu einer dicken Brühe. Wenn man sie noch länger kocht, werden sie schließlich zu Leim. Um diesen Leim richtig mit dem Ruß zu vermischen, braucht es dreißigtausend Stöße im Eisenmörser.

Der Meister ließ ihn in den riesigen Topf blicken, in dem gerade eine Suppe mit Hirschhornbrocken kochte, doch Zhu hielt sich die Nase zu und drehte sich schnell weg.

– Wie das stinkt!

– Der Geruch ist etwas unangenehm, das stimmt. Auch Ihren Vater hat er immer gestört. Daher entwickelte er ein eigenes Rezept.

Der Meister nahm ein kleines Fläschchen vom Regal.

– Hier, riecht einmal daran, Prinz.

Zhu stieg ein angenehm würziger Duft in die Nase.

– Das ist ein Gemisch aus Gewürznelken, Kampfer und Moschus. Wir benutzen es als Parfüm. Sein Aroma ist stärker als der Geruch des Leims.

Nun hielt ihm der Meister eine zweite Phiole unter die Nase. Es war ein fruchtiger, berauschender Duft, der Zhu sofort gefiel.

– Das ist ein Rindenaufguss des Granatapfelbaums, sagte der Meister. Es handelt sich um ein geheimes Präparat Eures Vaters, das er stets beifügt. Darum heißt seine Tusche *Der Gesandte des Granatapfelbaums*.

Der Meister hob den Zeigefinger und blickte Zhu streng in die Augen:

– Aber ich habe Euch nichts gesagt, mein Prinz.

5 Im Alter von dreizehn Jahren ließ sich Zhu Da in Nanchang als Student für den Staatsdienst einschreiben. Eine glänzende Zukunft lag vor ihm; das Leben eines noblen Kunstfreundes und Literaten, der seine Zeit zwischen dem Studium der Schönheit, der Regelung der Provinzaffären und dem Vergnügen aufteilt.

Schon wenige Jahre später wählte seine Familie ein Mädchen aus gutem Hause als passende Gemahlin für den Prinzen. Noch im ersten Jahr nach der Hochzeit brachte sie ein Kind zur Welt.

Es war das Jahr, als die Ming-Dynastie zu Ende ging und die der Qing begann.

Zuerst fiel die Hauptstadt in die Hände der Mandschus. Doch nach der Eroberung von Peking war der Großteil des Landes noch unter chinesischer Herrschaft. Von der Hauptstadt aus begannen die Mandschus mit der systematischen Eroberung des ganzes Reiches. Es gelang ihnen rasch, chinesische Kollaborateure für ihren Feldzug zu gewinnen.

Nanking hatte seit jeher die Bedeutung einer zweiten Hauptstadt im Süden. Dort vermochten die Ming-Prinzen ihre Herrschaft nach dem Fall von Peking zu halten. Es entbrannte jedoch ein Kampf um die Thronfolge. Aus der Reihe der Konkurrenten wurde schließlich der Prinz von Fu von einem Klüngel einflussreicher Beamter zum neuen Kaiser ernannt.

Der Prinz von Fu war bekannt für seinen Hang zum leichten Leben. Seinen Vater hatten Gefolgsleute des Rebellen Li aufgespürt und umgebracht. Nun schickte der Prinz als Bastion vier Heere nach Norden an die Ufer des Jangtse. Doch unter den vier Generälen kam es zu Machtkämpfen. Statt eine Front gegen den Ansturm der

Mandschus aufzubauen, streiften die Soldaten plündernd durch die Dörfer. Nur einer der Generäle, Shi Kefa, zeigte die nötige Entschlossenheit im Kampf gegen den anrückenden Feind, bis ihn eine Clique von Widersachern aus Nanchang entmachtete.

Südwestlich von Nanking, in der Provinz Jiangxi, lag Zhus Heimatstadt Nanchang. Dort lebte der Prinz mit seiner Frau und seinem kleinen Sohn im Palast.

Dunkle Wolken verhängten den Himmel, aber noch hatte kein Sturm die Erde berührt.

6 Die Mandschus hielten an ihrer Organisation der *Acht Banner* fest und begannen Garnisonen von Bannerträgern an wichtigen Orten zu stationieren. Das vorhandene chinesische Verwaltungssystem übernahmen sie ohne einschneidende Veränderungen. Die Ländereien der Grundbesitzer tasteten sie nicht an. Sie zerbrachen nicht deren Reisschüsseln, wie das Sprichwort sagt, denn die Mandschus bewunderten die chinesische Kultur. So kam es, dass die Gelehrten in Scharen in die Hauptstadt zogen, um sich den neuen Herrschern für administrative Posten anzudienen.

Die Regierung in Nanking versuchte mit den Mandschus zu verhandeln. Sie schickte eine Gesandtschaft nach Peking, um den Vorschlag zu unterbreiten, die Mandschus möchten ihren Machtanspruch auf das Gebiet nördlich der Großen Mauer beschränken. Doch die Gesandten kehrten mit dem Gegenvorschlag zurück, auch Nanking solle die Souveränität der neuen Machthaber anerkennen. Unter dieser Bedingung könne Nanking als Sitz eines Vasallenstaates im Süden Chinas bestehen bleiben.

Insgeheim war keine der beiden Seiten ernsthaft an Verhandlungen und irgendwelchen Kompromissen interessiert. Noch während sich die Gesandten auf der Rückreise nach Nanking befanden, bereiteten die Mandschus ihre Streitmacht für die Eroberung des Südens vor.

Als sie die Stadt Yangzhou am Nordufer des Jangtse angriffen, stießen sie erstmals auf nennenswerten Widerstand. General Shi Kefa verteidigte die Stadt heldenhaft gegen die anstürmende Übermacht. Acht Tage lang konnte er Yangzhou halten; am neunten Tag durchbrachen die Mandschus die Tore.

Beim Anblick der einfallenden Soldaten kauerten die Männer am Boden, keiner wagte es, zu fliehen. Sie senkten den Kopf, machten den Hals frei und erwarteten den Schwerthieb. Die jungen Frauen versuchten ihr Leben mit ihrem Körper zu erkaufen und boten sich den Soldaten an. Einige versteckten sich in Müllhaufen, verschmierten ihre Körper mit Dreck und suchten sich zu tarnen. Doch die Soldaten durchstocherten den Abfall mit Spießen, bis auch die letzten wie aufgescheuchte Ratten herauskrochen.

Der General wurde gefangen genommen. Viele, die in seine Lage gerieten, waren zu den Mandschus übergelaufen; er aber weigerte sich und blieb seinen alten Herren treu.

Shi Kefa wurde auf grausamste Weise hingerichtet.

Der chinesische General Hong Chengchou gehörte zu denjenigen, die mit dem Feind paktierten. Nach dem Fall von Yangzhou führte er die Qing-Armeen weiter nach Süden. Im Sommer des Jahres 1645 standen sie vor den Toren Nankings. Unter dem Druck der Gefahr zerbrach die Regierung des Prinzen von Fu. Durch einen seiner eigenen Generäle wurde er den Qing ans Messer geliefert. Sie verschleppten ihn nach Peking, und damit war sein Schicksal besiegelt. Wenige Monate später war er tot.

Noch versuchten einige Ming-Prinzen die Herrschaft ihrer Dynastie zu verlängern. Allein, ihre Versuche blieben glücklos. Der Prinz von Lu etablierte sich als Regent in der Provinz Zhejiang. Ohne Ressourcen und Nachschub konnte er sich aber nicht lange halten.

Ein anderer, der Prinz von Tang, wurde im August 1645 zum Kaiser ernannt. Sein stärkster Verbündeter war ein früherer Pirat, Zheng Zhilong, der sich inzwischen zu einem vermögenden Kaufmann und Beamten gemausert hatte. Als Militärführer war Zheng jedoch der Macht der Mandschus nicht gewachsen. Als er sich schließlich ergab, wurden auf einen Schlag die von ihm bewachten Bergpässe nach Zhejiang und Fujian für die Eroberer passierbar und die Mandschus konnten ihre Expansion in neue Präfekturen und Provinzen ungehindert fortsetzen.

Der Prinz entkam nach Hunan. Dort sah er sich mit den letzten zersprengten Truppen des Rebellenführers Li konfrontiert. Seine Versuche, eine schlagkräftige Armee auf die Beine zu stellen, scheiterten. Der Prinz fiel den Mandschus in die Hände und wurde auf der Stelle hingerichtet.

Seinem jüngeren Bruder gelang die Flucht nach Kanton, wo er noch zwei Monate als Schatten der früheren Herrschaft überdauerte. Als die Qing-Truppen, geführt von einem chinesischen General, der die Seiten gewechselt hatte, schließlich auch dort einfielen, verschwand auch der Schatten. Die Sonne der Ming war erloschen.

7 In der Zeit der Machtübernahme starb Zhu Das Vater. Der Prinz von Yiyang war gerade neunzehn Jahre alt geworden. Am Hof hatte er sich schon einen Ruf als Redner mit sprühendem Witz erworben, in Streitgesprächen war er unermüdlich.

Jetzt starrte er mit zugekniffenen Lippen auf seinen toten Vater und sagte kein Wort. Immer wieder sah er dieses Bild vor dem inneren Auge: Der lange Stiel einer Lotusblume brach im Wind und fiel in das schmutzige Wasser eines Teiches, wo die weiße Blüte allmählich versank.

Auch am nächsten Tag, als ihn seine Frau mehrmals ansprach, sagte er nichts. Ebenso verhielt er sich am dritten und vierten Tag.

Daraus wurden Wochen. Zhu hatte die Sprache verloren.

Eines Tages stand er auf und malte mit großen Buchstaben das Zeichen *ya* an seine Tür: stumm.

Unter den Kalligraphen verbreitete sich die Nachricht vom Tod des Meisters und viele suchten Zhu auf, um ihr Beileid auszusprechen. Zhu empfing sie gestikulierend und mit vielsagenden Blicken, doch mit keinem wechselte er auch nur ein einziges Wort. Bei Unterhaltungen bediente er sich seiner Hände und seines ganzen Körpers. War er mit irgendetwas einverstanden, dann nickte er, wenn nicht, schüttelte er heftig den Kopf.

Oder er starrte bloß vor sich hin.

Abends trank er mit den alten Freunden seines Vaters Schnaps. Sie berichteten vom Aufruhr im Land und von den Gräueltaten, die sie gesehen hatten. Plötzlich erhob sich Zhu und begann abwechselnd zu lachen und zu schreien. Später sang er Melodien.

Wenigstens bin ich nicht tot, dachte er. Doch warum soll es gut sein, nicht tot zu sein? Wenn ich ein Fisch wäre, würde ich einfach in die Tiefe tauchen. Jetzt lebe ich nur wie ein Fisch auf dem Trockenen.

8 In dieser Art trieb er es die folgenden Monate und Jahre. Er begann zu fasten, körperlich und geistig. Er war wie versteinert. Man fand ihn halb nackt, ohne Hemd, mit gespreizten Beinen auf dem Boden sitzend, regungslos.

Als die Mandschus bei ihrem Eroberungsfeldzug in die Provinz Jiangxi eindrangen und über die Stadt Nanchang herfielen, nahmen sie zuerst den Palast in Besitz. Zhu Da trennte sich hastig von seiner Frau und seinem kleinen Sohn und floh in die Berge von Fengxin hinaus, einige Tagesreisen nordwestlich der Stadt. Dort fand er Aufnahme in einem Kloster.

Er ließ sich den Schädel kahl scheren und nahm als Mönch den Namen Chuanqi an. In der Stille und Einsamkeit des Klosters vertiefte er sich in das Studium der buddhistischen Lehre.

Als Letzter der Ming versuchte der Prinz von Gui die Herrschaft im Süden aufrechtzuerhalten. Er residierte in Guangdong, der südlich von Jiangxi gelegenen Provinz, aber schon bald, im Jahre 1647, sah er sich genötigt, nach Westen in die Provinz Guangxi zu fliehen. Während der nächsten Dutzend Jahre, den Wendungen des Krieges folgend, irrte er im Südwesten Chinas umher, auch in den Provinzen Sichuan und Guizhou. Seine Krieger griffen an, wo sie konnten, ohne je an Boden zu gewinnen. Mit der Zeit wurden sie mürbe und wieder kam es zu Streitereien in den eigenen Reihen.

Der Prinz selber wurde von den Qing-Armeen unter der Führung von General Wu verfolgt. Schließlich fand er Zuflucht in Burma; dort betrachtete man ihn allerdings nicht als Gast, sondern als Feind und hielt ihn jahrelang gefangen. Wu setzte die Burmesen so lange unter Druck, bis sie den Prinzen und seine Familie auslieferten. Der General trieb sie in den Osten, in die abgelegene Provinz Yunnan. Dort wurden der Prinz von Gui und sein Sohn mit einer Bogensehne erdrosselt.

So erloschen die Kräfte der Südlichen Ming. Des Prinzen letzter treuer und ihm ergebener General starb voll Trauer, als er vom Untergang seines Herrn hörte. Nach ihm blieben nur Erbitterung und Feindseligkeit.

Am Hof des letzten Ming-Kaisers wirkten Jesuiten, die aus dem fernen Europa gekommen waren. Unter ihrem Einfluss hatten sich die Mutter des Kaisers, seine Frau und sein Sohn zum Christentum bekehrt. Im Jahre 1650 brach der polnische Jesuit Michael Boym mit Bittbriefen des Kaisers nach Rom auf, um dort beim General der Jesuiten und beim Papst Hilfe für die Rettung der Ming zu erflehen.

Boym erreichte Venedig nach zweijähriger Reise. Die Antwort des Papstes ließ drei Jahre auf sich warten, und erst 1659 kehrte der jesuitische Gesandte nach China zurück. Inzwischen kam jedes Hilfeangebot zu spät. Vom Hof war nichts mehr übrig geblieben und Michael Boym starb noch im selben Jahr, ohne die päpstliche Botschaft übermittelt zu haben.

Sobald sich die Qing-Herrschaft gefestigt hatte, fanden sich wieder geschäftige Jesuiten am Hofe von Peking ein.

9 Während die Qing die letzten Adern der alten Dynastie auftrennten und alles Blut zerrann, studierte Chuanqi im Kloster die Lehren des Friedens und der Stille, der Mönch Chuanqi, der einmal Zhu Da geheißen hatte und ein Prinz gewesen war.

Das alte Reich war zerstört, doch die Berge von Fengxin waren dieselben geblieben. Geblieben waren auch die Bäume und die Flüsse, und das Krächzen der Raben klang nicht anders als zuvor.

Schon 1653 wurde Chuanqi in den kleinen Kreis von Schülern des Abtes Hongmin aufgenommen. Vier Jahre später absolvierte er die Meisterprüfung. Nun war er befugt, die buddhistischen Weisheiten den Jüngeren weiterzugeben.

Sein früheres Leben als Prinz erschien ihm immer unwirklicher, wie eine lange Vorbereitung auf den nun eingeschlagenen Weg.

– Übe dich darin, nicht einzugreifen, sagte der Abt. Handle nicht, sondern lerne das Gefühl kennen, handeln zu wollen, aber es nicht zu tun. Erst wenn das, was du tun kannst, mit dem übereinstimmt, was du tun willst, dann handle.

Der Abt lächelte und fügte hinzu:

– Wir sind alle einmal Prinzen gewesen.

Manchmal lief Chuanqi in die Stadt hinunter, weil ihn die Neugier trieb, zu sehen, was sich verändert hatte. Er lief wild gestikulierend durch die Straßen und erweckte durch seine Weinanfälle und Schreiausbrüche viel Aufsehen. In den Schenken des Ortes trank er Wein, bis ihm die Sinne schwanden.

Man hielt ihn für einen Verrückten.

Keiner wusste oder ahnte auch nur, dass im Mönch

Chuanqi der Prinz von Yiyang steckte, von der letzten Generation der großen Dynastie der Ming.

Die Stille im Tempel besänftigte ihn. Er lernte zu vergessen und er spürte, wie sein ganzes Wesen eine gewaltige Ruhe zu durchdringen begann.

Vom Pavillon bot sich ein weiter Blick über die Ebene zu einer entfernten Hügelkette. Eines Tages, es war Winter und hatte geschneit, stand er neben dem Meister an der Balustrade auf der Terrasse und genoss die großartige Aussicht.

– Chuanqi, sagte der Abt. Du siehst die leicht geschwungene Linie des fernen Horizonts im Schnee. Übe dich darin, diese Linie in dich aufzunehmen. Sei eins mit den Dingen und fließe mit ihnen dahin. Das ist die Grundregel zur Bewahrung des Lebens.

Im Frühling, als der Schnee geschmolzen war, trat Chuanqi vor den Meister hin und sagte:

– Ich habe die Linie in mich aufgenommen, von der Ihr spracht.

Abt Hongmin blickte ihn lange an, ohne sich zu rühren. Dann sagte er:

– Chuanqi, du wirst nun deinen Novizennamen ablegen. Ich gebe dir heute einen neuen Namen. Du heißt von jetzt an *Xuege,* Schnee beiseite. Du bist jetzt ein Meister des Inneren und bereit für die Lehre des Äußeren.

10 Abt Hongmin wusste von Xueges Wunsch, Maler zu werden, hatte ihm aber bis anhin strengstens verboten, einen Pinsel anzurühren. An diesem Tag im Frühling des Jahres 1658, im vierzehnten Jahr der Dynastie der Qing, schien ihm der richtige Moment gekommen, um den Unterricht im Malen zu beginnen.

Der Meister gab Xuege einen Pinsel, der so lang war wie seine Beine und so dick wie ein junger Baumstamm. Er forderte seinen Schüler auf, mit ausgestreckten Armen den Pinsel an der Schlaufe zu halten, so dass die Haarspitzen gerade noch den Boden berührten.

Im Teeraum hatte der Meister ein großes Quadrat mit Reispapierbahnen ausgelegt. Der Abt zeigte auf einen Holzkübel in der Ecke und sagte:

– Tauche den Pinsel in den Eimer mit Tusche und streife ihn einige Male am Rand ab. Kehre sodann wieder an deinen Platz zurück.

Nachdem sich der Pinsel mit schwarzer Tusche vollgesogen hatte, war er noch um einiges schwerer geworden. Xuege hatte Mühe, ihn genügend weit hochzuheben, um ihn an der Kante abzustreifen. Er stellte sich wieder hin wie zuvor, hielt den Pinsel mit gestreckten Armen, wie ihn der Meister angewiesen hatte und beobachtete, wie auf dem weißen Papier ein schwarzer Punkt entstand, der sich durch die nachströmende Tusche schnell zu vergrößern begann.

Der Meister war hinter ihn getreten und Xuege vernahm nun dessen Worte dicht im Nacken:

– Schreite einen großen Kreis ab und male ihn dabei. Gehe immer im Kreis, bis die Spur deines Pinsels verblasst.

Xuege hielt mit angespannten Muskeln den Pinsel

senkrecht über dem Blatt, so dass die Haarspitzen das Papier gerade noch berührten, und bewegte sich Schritt um Schritt vorwärts. Nach der ersten Runde bemerkte Hongmin seine zusammengekniffenen Lippen.

– Du sollst malen, nicht aufhören zu atmen.

Tatsächlich war es Xuege äußerst schwer gefallen, gleichzeitig auf die Pinselspitze und den imaginären Mittelpunkt seines Kreises zu achten. Anhalten und ruhen konnte er nicht, weil er unnötig Farbe verschwendet hätte und es fast noch schwieriger war, den Pinsel beim Stehen zu halten.

Xuege ging weiter und die glänzenden schwarzen Haare des Pinsels hinterließen eine dünne Spur auf dem Papier. Nach einer weiteren Runde sagte sein Lehrer:

– Du bist im Kreis gegangen, aber du hast keinen Kreis gezeichnet. Du sollst keine Umwege machen. Gehe weiter und verbessere den Kreis.

Nun sagte der Abt nichts mehr, während Xuege den zweiten, dritten und vierten Kreis vollzog. Dann vergaß er zu zählen. Jeder Schritt wurde zur Qual. Er folgte nur noch blind der eigenen Spur.

Der Strich wurde immer breiter, denn der Pinsel sank, gegen Xueges schwindende Muskelkraft, weiter und weiter hinab. Seine Arme begannen zu zittern, und noch die geringste Bewegung schien der Pinsel auf das Papier zu übertragen.

Die Stimme des Abtes klang nun gebieterisch:

– Deine Linie beginnt zu zittern, Xuege. Lass sie weiterlaufen, solange sie Tusche hat. Richte dich auf! Höre, was ich dir sage!

Nach einer weiteren halben Drehung spürte Xuege, wie sein Rücken nachgab. Doch plötzlich traf ihn an der

Flanke ein kurzer, scharfer Hieb der Bambusrute. Es gelang ihm noch, den Kreis zu vollenden. War es der achte? Oder der neunte? Der Blick des Meisters glühte in seinem Rücken, aber er wusste, dass er keinen weiteren Kreis schaffen würde.

Dann brach er über dem Pinsel zusammen. Sein Körper fiel auf das Haarbüschel und quetschte es, so dass der letzte Rest von Tintensaft hervorquoll und sich auf dem Papier wie auf seinem weißen Gewand große dunkle Flecken bildeten. Es sah aus, als läge ein Sterbender in seinem Blut.

Als Xuege mit schmerzverzerrtem Gesicht hochschaute, in Erwartung eines zweiten, womöglich noch heftigeren Schlags mit der Bambusgerte, sah er die strenge Miene seines Meisters.

– Wenn du je ein *Meister der Großen Schwärze* werden möchtest, solltest du lernen, den Pinsel festzuhalten. Erst wenn keine Tusche mehr darin ist, lässt du ihn los. Vorher nie.

11 Der Meister ließ ihn über viele Monate hinweg mit dem schweren Pinsel große Kreise ziehen. Eines Tages beauftragte er Xuege unvermittelt mit dem Wiederaufbau einer verfallenen Klosteranlage an einer entlegenen Stelle in der Höhen von Fengxin.

Dieser Aufgabe widmete sich Xuege mit ganzer Kraft. Die Erneuerung des Tempels beanspruchte sechs Jahre.

Das neue Kloster wurde *Grüne Wolke* genannt.

Dort, in der Abgeschiedenheit des Gebirges, lebte er von nun an, sich mehr und mehr in die Lehre des Dao vertiefend. Seine Verantwortungen als Haupt einer Gemeinschaft von Mönchen hielten ihn davon ab, die Grüne Wolke für längere Zeit zu verlassen, aber nicht, Freunde und Bekannte als Besucher zu empfangen.

Eines Abends ging er allein in den Kiefernwald. Die Bergspitzen strahlten im abendlichen Licht. Sie sahen aus, als hätte sie ein Riese mit einem gigantischen Messer geschnitten. Die flachen Felsen wirkten so sauber, als wären sie gewaschen worden. Der Bachlauf schlängelte sich hoch und war zuletzt nur ein silberner Faden.

Als Xuege entlang des Wassers an der Böschung einen Streifen weißer Blumen sah, zog er die Schuhe aus, lief hin, beugte sich zu ihnen hinunter und begrüßte sie wie Kinder. Er hatte plötzlich das brennende Verlangen, an einem Abend alle Blumen von Jiangxi zu sehen. Er rannte barfuß über den federnden Boden des Kiefernwaldes, ihm war, als tanze er mit der Erde. Er hatte das Gefühl, das Licht und die Kiefern und der Bach und die Blumen seien alle nur für ihn da, und in diesem Glück seiner Augen vergaß er seine Müdigkeit und Trauer, und es wurde ihm federleicht zumute.

Treiben dich menschliche Gefühle, gehst du leicht in

die Irre, doch treibt dich die Natur, so irrst du schwerlich, lautete eine Weisheit.

Jetzt hatte er verstanden.

Endlich setzte er sich nieder. Der Ort war so still und entlegen, kein Mönch fand je hierher. Er dachte: Auch wenn ich dreihundert Jahre hier säße, der Berg bräche nicht zusammen.

Eine Formation Wildgänse kreuzte über ihm wie ein Pfeil aus Federn, der die Sehnsucht selbst zu treffen suchte. Da schien der Fels, auf dem er saß, und der ganze Boden unter ihm zu entweichen.

Ich will für den Rest meines Lebens hier wohnen, sagte er zu sich, bis ich auf diesem Berg sterbe.

Da erinnerte er sich seines Lebens als Zhu Da, als junger Prinz, und er erinnerte sich der schwarzen Haare seiner Frau und des ersten Lächelns seines Sohnes.

Doch es schien ihm keine Erinnerung zu sein, sondern der Traum eines nie gelebten Lebens.

12

Am folgenden Tag erwachte er mit einer unsäglichen Schwere im Herzen. Irgendjemand schien nach ihm zu rufen, er meinte eine entfernte Stimme zu hören, aber er verstand sie nicht. Von einem inneren Zwang ergriffen, trat er an seinen Arbeitstisch, wo er seit Jahren Tag für Tag die Malübungen machte, die ihm der Meister aufgetragen hatte.

Er gab Wasser ins Becken des Reibsteins, ergriff den harten Tuscheblock und rieb ihn an. Dann nahm er einen seiner feineren Pinsel und tauchte ihn ein.

Er hatte ein quadratisches Blatt gelblich weißen Papiers auf die Tischplatte gelegt, etwa vier Hand breit. Am unteren Rand, ein wenig nach links verschoben, setzte er den tuschegesättigten Pinsel an und zog ihn in einer leicht geschwungenen, halbfingerbreiten Linie, die sich zuerst nach links krümmte, dann, in der Hälfte des Blattes, die Richtung änderte, nach oben. Für einen Augenblick hielt er noch die neue Richtung, verlieh jetzt dem Pinsel etwas Druck und drehte ihn ein wenig nach links ab. Den breiten Strich, der entstand, ließ er auslaufen, so dass die schwarze Spitze fast den Rand des Blattes berührte, und ohne den Pinsel abzusetzen, drehte er sein Handgelenk, worauf die Haarspitzen mit einer Pirouette reagierten, ließ nun den Pinsel in der entgegengesetzten Richtung auf der schon schwarzen Fläche weiter hinabgleiten, über das Schwarz hinweg in die noch unbemalte Papierfläche hinein, gab dem Strich jetzt wieder eine Wendung, ließ die Hand senkrecht über das Blatt hinwegfahren, und während er sie noch zu sich herlenkte, hob er den Pinsel in einer langsamen, aber flüssigen Bewegung vom Blatt ab, derart, dass sich auch das untere Ende dieses Striches gleichmäßig zuspitzte.

Lotusblume, Albumblatt

Und schon im nächsten Moment bedeckte er, ohne den Pinsel nochmals eingetaucht zu haben, das untere Drittel des Blattes mit einigen wellenförmigen, sich nach rechts hin auftürmenden Gebilden aus zuckenden Handbewegungen oder indem er die Hand niederdrückte, so dass sich auf dem Papier schwarze Strähnen abzeichneten, die, je nach Druck, dunkler oder heller wurden. Kurz bevor der Pinsel seine Feuchtigkeit verlor, setzte er ihn in der oberen Ecke des Blattes nochmals an, hielt ihn senkrecht und unterschrieb seine Zeichnung mit dem Namen *Geshan*, Einzelner Berg.

Dann legte er den Pinsel nieder. Zum Schluss drückte er unter dem Namen mit roter Farbe sein Siegel auf.

Er trat auf die Terrasse hinaus, hielt sich an der Balustrade fest und schloss die Augen.

Geshan hatte sein erstes Bild gemalt.

Nach einer Weile ging er zurück an seinen Tisch und betrachtete die Lotusblume, die auf dem Blatt erschienen war. Ihre schwarz gemalte Blüte wirkte weiß und sie bestrahlte sein Namenszeichen in der Ecke.

Warum meinte er sich in der Linie des Blumenstiels und den Umrissen des Blütenblattes selbst zu erkennen?

Als er seine rechte Hand auf die noch weiße, unbemalte Fläche des Blattes legte, fiel ihm auf, dass der Blumenstiel zusammen mit dem unteren Teil der Blüte aufs genaueste den Umriss seines Daumens und Handgelenks nachzeichneten.

Er hatte mit Tusche eine Blume gemalt und zugleich mit der ausgesparten Fläche einen Teil seiner Hand.

Die Blume wuchs aus dem Sumpf und Schleim empor in die Luft und entfaltete dort ihre Schönheit, in klaren, scharfen Umrissen.

13 Geshan alias Xuege alias Chuanqi alias Zhu Da brachte die gemalte Lotusblume dem Meister Hongmin zur Begutachtung. Der sagte:
– Ich sehe, dass du schon vieles begriffen hast. Du hast den Sinn der Form und der plastischen Gestalt verstanden; dein Pinsel kann die Rundung des Stiels ausdrücken und die Blätterflächen, er kann das Licht zeigen und die Farben. Du hast gelernt, die Schwärze nicht als Hindernis zu begreifen, sondern als Quelle. Hier zeigt die schwarze Farbe ein strahlendes Weiß, da ein stumpfes Braun oder ein transparentes Grünblau. Ferner bist du schon weit in die Sphäre des Essentiellen vorgedrungen. Es gelingt deinem Pinsel, etwas von der Blumenhaftigkeit der Blume und dem Wässrigen des Wassers anzudeuten. Das ist schon viel. Zugleich fehlt dir zur wahren Meisterschaft der Schwärze noch manche Lektion.
– Welche?, fragte Geshan.
– Es liegt nicht an mir, dir das zu sagen. Du musst selbst darauf stoßen. Aber du wirst es erkennen, wenn der richtige Zeitpunkt gekommen ist. Daran zweifle ich nicht.
– Meister, so gebt mir wenigstens einen Hinweis, wie ich mich verbessern kann!
– Alle Antworten findest du allein bei dir selbst. Bestehst du denn nur aus verschieden geformten und gearteten Oberflächen? Warum sollte dein Bild nur aus starren, empfindungslosen Hüllen gefertigt sein?
Geshan blickte ihn fragend an. Nach einer Weile fügte der Meister hinzu:
– Wenn du malst, dann sprichst du nicht. Aber wenn du gemalt hast, muss dein Pinsel alles gesagt haben. Wenn er zu sprechen gelernt hat, dann bist du ein Meister der Großen Schwärze.

14 Geshan hatte das Kloster der Grünen Wolke erst einige Jahre geführt und schon hatte sich sein Ruf als Meister des Dao in der ganzen Provinz verbreitet. Eines Tages besuchte ihn der Maler Huang Anping, um sein Portrait anzufertigen. Geshan willigte unter der Bedingung ein, dass er sich dazu verkleiden durfte.

Während Huang die Vorbereitungen traf und Tusche anrieb, ging Geshan hinunter zum Fluss. Er bat einen Fischer, ihm seinen Strohhut und seine Schuhe zu leihen. Im Kloster ließ er sich von einem der Mönche ein weißes Gewand geben.

So stellte er sich vor den Maler hin: mit vor der Brust flach aufeinander gelegten Händen, so dass die weiten Ärmel in langen Falten schwer herabfielen. Seine Füße steckten in schwarzen Sandalen und er blickte skeptisch unter der breiten Krempe des Fischerhuts hervor, der wie eine riesige Lotusblüte seinen Kopf bedeckte.

Es war das Jahr 1674.

Die Mandschus hatten das ganze Land unter ihre Macht gebracht. Da sie die chinesische Kultur bewunderten, versuchten sie die Künstler und Gelehrten für sich zu gewinnen. Die letzten versprengten Angehörigen der alten Dynastie genossen bei den Mandschus inzwischen besondere Anerkennung.

All dies berichtete Huang Anping, als sie am Abend zusammensaßen und tranken. Da beschlossen sie, die Identität des abgebildeten Fischers zu lüften, und Huang Anping schrieb neben sein Portrait von Geshan: *Spross der kaiserlichen Linie der Ming.*

Doch wie war es Huang bloß gelungen, den Gesichtszügen des Fischers mit dem Lotushut das kaiserliche Schicksal einzuschreiben?

Anfangs stand die kleine Figur des Geshan ganz verloren im leeren weißen Malgrund. Doch fortan bat Geshan besondere Besucher des Klosters der Grünen Wolke, ihr Siegel oder einen Vers auf seinem Portrait zu hinterlassen. Seine Freunde Rao Yupu, Peng Wenliang und Cai Shou bedeckten die Leerräume mit ihren Kalligraphien, in denen sie ihre Wertschätzung für den Mann mit dem Fischerhut zum Ausdruck brachten. Nach und nach füllte sich der Hintergrund mit immer neuen Siegeln, Sprüchen und Bezeugungen der Freundschaft, bis dicht an die Figur.

15 Geshan unterhielt sich mit dem Meister über das Verhältnis zwischen dem großen Berg und dem kleinen Blatt, zwischen der Härte des Felsens und der Weichheit des Pinsels.

– Wie ist es möglich, durch Kleinheit Größe, durch Weichheit Härte und durch Dunkelheit Helligkeit auszudrücken? Wie soll das eine durch das andere ausgedrückt werden, was es nicht ist?

– Du musst die Gegensätze in deinem Geist überwinden, begann der Meister. Lerne sie zu verbinden wie Tusche und Pinsel. Ein Ding ist ein Ding im Verhältnis zu sich selbst und zugleich im Verhältnis zu anderen Dingen. Es ist dies und das zugleich. Auch wenn wir das Ding nur vom Standpunkt des Dies begreifen, so bedingen es doch dies und das gemeinsam.

Der Meister hielt einen Moment inne.

– Verschreibe dich daher nicht der Sichtweise absoluter Gegensätze. Dies ist auch das, und das ist auch dies, wiederholte er. Wo ihre Gegensätzlichkeit endet, dort liegt der Angelpunkt des Weges. Der Weg wird verdunkelt, wenn du ihn einseitig gehst.

– Eure Worte selbst sind dunkel, Meister, sagte Geshan. Wie beeinflusst das, was Ihr sagt, die Handhabung des Pinsels?

– Für dich als Maler liegt der Wert des Berges nicht in seiner Größe, sondern in der Möglichkeit seiner Bewältigung durch den Pinsel. Wenn du einen Berg betrachtest, dann siehst du ein Stück Natur. Aber wenn du einen Berg malst, wird es ein Berg. Du bildest seine Größe nicht ab, du setzt sie voraus. Die Funktion des Pinsels liegt nicht im Umfang seines Haarbüschels, sondern in den Spuren, die er schafft. Die Funktion der Tusche liegt nicht in der

Tusche, sondern in der Ausdruckskraft und Wandelbarkeit ihres Flusses. Die Funktion des Bergbachs besteht nicht in sich selbst, sondern in seiner Beweglichkeit, die Funktion des Berges in seiner Stille.

Dann fuhr er fort:

– Deine Hand ist dein lenkender Geist. Du hast alles in deiner Hand. Der vereinende Strich ist in allen Dingen enthalten.

Und er setzte hinzu:

– Wenn du deinen Pinsel in die Tusche tauchst, dann tauchst du ihn in deine Seele. Und wenn du den Pinsel lenkst, lenkt ihn dein Geist. Ohne Tiefe und Sättigung fehlt deiner Tusche die Seele; ohne Lenkung und Lebendigkeit fehlt deinem Pinsel der Geist. Das eine empfängt vom anderen. Der Strich empfängt von der Tusche, die Tusche empfängt vom Pinsel, der Pinsel empfängt vom Handgelenk, und das Handgelenk von deinem lenkenden Geist. Das heißt die Kraft der Tusche und des Pinsels meistern.

16

Eines Tages rief ihn der Meister zu sich und sagte:
– Es ist wichtig, dass du nur mit der besten Tusche malst und mit den besten Pinseln.

– Wie erkenne ich die beste Tusche?

– Sie soll das Licht einatmen wie das Gefieder eines Raben und glänzen wie die Pupillen in den Augen eines Kindes.

Der Meister hieß Geshan sich in der Mitte des Raumes niederzusetzen, mit dem Rücken zum Licht, und sich nicht zu rühren.

– Ich will dich lehren, den Unterschied zwischen der üblichen Tusche und vorzüglicher Tusche zu sehen.

Der Abt verschwand hinter einem Wandschirm. Nach einer Weile trat er mit einem frisch beschrifteten Blatt hervor. Geshan las laut den darauf geschriebenen Satz:

– *Der Mensch reibt nicht die Tusche auf, die Tusche reibt den Menschen auf.*

– Denke jetzt nicht über diese Worte nach, sagte der Meister. Betrachte allein die Schwärze der Zeichen und merke dir die Eigenschaften dieser Schwärze.

Der Meister ließ ihm eine Weile Zeit, dann verschwand er mit dem Blatt hinter dem Wandschirm. Wenig später erschien er mit einem zweiten Blatt, auf das er denselben Satz gemalt hatte. Nun forderte er Geshan auf, zu sagen, ob der zweite Satz mit derselben Tusche geschrieben worden war wie der erste.

Geshan hielt das Blatt gegen das Licht und prüfte besonders die Zeichen für *Mensch* und *Tusche*. Er vermochte keine klaren Unterschiede in der Tuschequalität festzustellen.

– Ist dieses Blatt schwärzer als das erste? Oder umgekehrt?, fragte der Meister.

– Ich sehe keinen Unterschied, gab Geshan zu.

Der Meister warf die Hände in die Luft und rief:

– Man muss eben ein Kenner sein, um die seltenen Dinge zu erkennen! Um Maler zu sein, genügt es nicht, Kieselsteine von Jade unterscheiden zu können und Fischaugen von Perlen. Als Maler musst du Schwarz von Schwarz unterscheiden können, das sind ganz verschiedene Dinge! Die Leute schauen bei der Tusche nur auf ihre Schwärze, weil man von der Tusche verlangt, sie solle schwarz sein, und Tusche, die nicht schwarz ist, ist bestimmt wertlos. Das stimmt, aber wenn die Tusche nur schwarz ist, jedoch nicht glänzend, dann wirkt sie stumpf und farblos und ist deswegen untauglich. Sie muss schwarz sein und glänzend zugleich, und dieser Glanz muss schimmern wie ein Wasserspiegel, durch den man im klaren, reinen Wasser den Grund erblickt, wenn der Lichteinfall wechselt. Dann ist die Tusche vortrefflich!

Ohne eine Antwort abzuwarten trat der Meister abermals hinter den Wandschirm und legte seinem Schüler alsbald ein drittes Blatt vor.

– Die Schwärze dieser Tusche hat einen beinah metallenen Glanz, sie schimmert wie Lack, meinte Geshan, während er die Schriftzeichen dicht an die Augen hielt. Dann sagte er:

– Das ist eine andere Tusche!

Der Meister sprang auf, eilte hinter den Wandschirm, streckte Geshan die beiden ersten Blätter hin und zerriss sie vor seinen Augen.

– Du hast es erkannt! Wie du richtig gesagt hast, gibt es keinen Unterschied zwischen dem ersten und dem zweiten Blatt. Beide sind mit derselben gewöhnlichen Tusche beschrieben. Zeichen, die mit dieser Tusche geschrieben werden, rufen im Betrachter ein Gefühl von Unlust und Abwehr hervor, weil sie nicht wirklich schwarz sind und ihnen jeder Glanz fehlt. Doch bei diesem Blatt verwendete ich die Tusche des Tuschemachers Pan Gu. Sie ist unübertroffen und sehr schwer zu bekommen. Weil du sie erkannt hast, schenke ich dir zwei Kugeln seiner Tusche. Sie wurden mir selber vor Jahren vom Hofrat Han Weisheng überreicht, und ich habe sie bis heute nie zu verwenden gewagt. Bewahre sie auf. Du wirst selbst am besten wissen, wann du ihnen gewachsen bist. Pan Gus Tusche mit dem Stempel von Han Weisheng ist wirklich schwarz. Er hat ihr Karpfengalle beigemischt, was ihr diesen seidigen Glanz verleiht, und ihre unvergleichliche Farbkraft gewinnt sie durch Beifügung von etwas Zinnober und grünen Walnussschalen, deren genaue Abstimmung Pan Gus Geheimnis ist.

Nach einer Pause fuhr er fort:

– Wer ein Leben lang nur mit einer Farbe malt, darf über solche Unterschiede nicht hinwegsehen.

17 Geshan wanderte durch die felsige Heide in der Umgebung des Klosters und dachte über die Dinge nach, die ihm der Meister gesagt hatte.

Als er wieder auf seinem Zimmer war, setzte er sich an den Tisch vor dem Fenster und starrte auf den Berg am Horizont.

Er rieb die Tusche an, mit der er sonst immer arbeitete, die Tusche, die er aus der väterlichen Werkstatt gerettet hatte. Die Kugeln des Pan Gu hatte er an einem sicheren Ort verwahrt.

Er hatte sich ein kleines Blatt zurechtgelegt, welches er nun mit einigen schnell ausgeführten senkrechten und waagrechten Strichen bedeckte. In der rechten Bildhälfte unterbrach er die abwärts gleitende Pinselbewegung, hob den Pinsel ab und zog nun, vom Mittelpunkt des Blattes aus, einen breiten Strich, den er, leicht geneigt, gegen den rechten Blattrand zuführte, um vom Ende dieser soeben gemalten Linie aus, mit einer einzigen flüssigen Handbewegung, einen geraden Strich nach unten zu ziehen.

Am unteren Rand des Blattes zeichnete er mit unregelmäßigen Strichen zwei rundliche Formen und setzte zwischen sie vielleicht ein Dutzend Mal mit dem Pinsel an, um breite Farbflecken in der Form spitzer Dreiecke zu bilden. Dabei bedeckte er denselben kleinen Ausschnitt des Blattes mehrmals mit diesen weich konturierten Dreiecken, so dass eine vielschichtige Farbfläche verschiedener Schwarzabstufungen entstand.

Die rundlichen Formen umsäumte er über die ganze Breite des Blattes hinweg mit einem Rhythmus feiner Zuckungen der Pinselspitze. Schließlich fügte er vereinzelte längere Schrägstriche hinzu, die, oberhalb der rundlichen Formen angesetzt, in einer leichten Wellenbewegung von links her darauf zuliefen. Zuoberst aber, auf einem der abgesetzten horizontalen Striche, der fast ein Drittel der Blattbreite überzog, setzte er ein dichtes Bündel schroffer, zackenartiger Striche, und unmittelbar unter die waagrechte Linie, zur Ecke versetzt, noch ein kleines lang gezogenes Rechteck, bis sein Pinsel den letzten Tropfen Tusche abgegeben hatte.

Er tauchte ihn ein zweites Mal kurz ein, nur die Haarspitzen, um sein Bild mit einem neuen Namen zu unterzeichnen. Er schrieb:

– *Renwu*, Raum zum Menschsein.

In der Ecke drückte er sein Siegel auf.

Bald war die Tusche getrocknet. Er heftete das eben gemalte Blatt an die Wand, um es aus größerer Entfernung zu betrachten.

Dort sah er nun zwei Steine auf rauem Gras, die sich einem größeren Felsbrocken anschmiegten. In deren Schutz wuchs eine bescheidene vielblättrige Gebirgsblume, über die der kantige Felsen wachte. Der blickte stolz und rebellisch aus Augenschlitzen und seine Haare waren spitz aufgerichtet, wie die Stacheln eines Igels, der sich zur Wehr setzt.

Aber Renwu erkannte sich selbst nicht in dem Felsbrocken, sondern in der kleinen Pflanze.

Das Glück, sich selbst zu sein, genügte ihr, um im Mittelpunkt der Welt zu stehen.

Kalmus, Albumblatt

18

Im Tempel zur Grünen Wolke ereilte Geshan, der sich fortan Renwu nannte, die Nachricht vom Tod seiner Frau und seines Sohns.

Er hatte seine Zeit als Zhu Da, als Prinz und Ehemann und Vater schon beinah vergessen.

Nun stachen ihn die Erinnerungen an die Vergangenheit wie Messer.

Von diesem Tag an ließ er sich wieder das Haar wachsen.

Er ging häufiger hinunter in die Provinzstadt. In den Gesichtszügen der Frauen suchte er nach einem verschwundenen Blick, einem Lächeln, das es nicht mehr gab.

Ihm fiel wieder der Moment ein, als ihm vom Hof mitgeteilt wurde, eine passende Frau für ihn sei gefunden worden und die Hochzeit bereits angesetzt.

– Du wirst heiraten und Kinder haben, denn wer die Kette der Ahnen durchtrennt, der gibt das auf, wodurch er selbst Nachkomme geworden ist.

Musste er wieder befürchten, ohne Nachkommen zu bleiben?

Er wollte der konfuzianischen Pflicht folgen und seine Linie weiterführen.

So trug er sich nun mit dem Gedanken, erneut eine Familie zu gründen.

19 Er ging zu seinen Schülern und teilte ihnen mit, dass er das Kloster verlassen werde.
Als er einen Nachfolger bestimmt hatte, zog er sein Priestergewand aus und verbrannte es.

Er schnürte seine Albumblätter zusammen, packte seine Sammlung von Pinseln und Tusche ein und ging hinunter ins Tal.

Er blickte zurück auf den Berg und das Kloster der Grünen Wolke. Zwanzig Jahre hatte er dort zugebracht, hatte die Gebäude wieder aufgebaut und im Kloster seine eigenen strengen Regeln eingeführt. Über hundert Mönche waren bei ihm in die Lehre gegangen.

Es war das Jahr 1680, und im Alter von über fünfzig Jahren wollte er wieder bei der Vergangenheit anknüpfen. Das alte Sprichwort kam ihm in den Sinn: *Gefallene Blätter kehren zu den Wurzeln des Baumes zurück.*

Doch was war er nun? Wo war er zu Hause? Wie hieß er? Wovon sollte er leben? Er musste zu allem Antworten finden.

Er hatte seine Bilder und all seine Malsachen in einige Kästen aus Sandelholz gelegt, die ihm seine Schüler bei seinem Weggang geschenkt hatten. Er fand darin Blätter, auf die jeder einige Abschiedsworte geschrieben hatte, die ihn sehr bewegten.

Als er eines Abends einen Fluss überquerte, wurde er von Wegelagerern überfallen. Wegen des Gewichts der Kästen mochten sie denken, dass sie Jade und Gold enthielten. Sie stahlen alle, ohne sie geöffnet zu haben.

Dieser Vorfall machte ihn wochenlang sehr betrübt, und während dieser Zeit hielt er sich von Menschen fern und sprach mit niemandem.

Er strengte sich an, die Worte seiner Schüler aus dem

Gedächtnis zu bergen, alles aufzuschreiben, und so seinen verlorenen Schatz Stück um Stück wiederzugewinnen. Geblieben waren ihm ein Pinsel und Pan Gus Tuschekugeln, die ihm der Meister geschenkt hatte, denn diese trug er immer am eigenen Leib.

Und es gab keinen Tag, an dem er nicht malte oder Blätter mit seinen Kalligraphien bedeckte. Doch seine Bilder unterschrieb er nun mit dem Zeichen *lü*. Lü bedeutete einfach Esel. *Kahler Esel* war ein Spottname für Mönche.

20 Noch im Jahr seiner Rückkehr nach Nanchang verheiratete er sich zum zweiten Mal. Sie war eine schöne Frau aus bescheidenen Verhältnissen, der er seine wahre Herkunft nicht verriet.

Als Hochzeitsgeschenk überreichte er ihr einen Fächer, den er bemalt hatte. Auf dem Fächer war ein großer runder Mond zu sehen, daneben ein Zweig mit einer einzigen Blüte, und darunter standen die Worte: *Worte, die von verwandten Seelen gesprochen werden, duften wie die Orchidee.*

In sein eigenes Album malte er an demselben Tag ein weiteres Bild. Darunter setzte er die Zeilen: *Über Nanchang, in der Mitte des Herbstes, steht der Mond alleine. Um Mitternacht steigt vom Räuchergefäß der Rauch auf, in der Gestalt eines Drachens. Der Traum verzieht sich in dunkles Gewölk. Die schöne Frau trägt ein langes seidenes Band. Doch der Wind weht, und er kann es nicht fassen.*

Dieses Bild unterschrieb er wieder mit einem neuen Namen, den er fortan neben Lü verwendete: *Poyun Qiaozhe*, Holzhauer der zerschlagenen Wolken.

Aber sie fanden zusammen kein Glück, er und seine junge Gemahlin. Ihm war, als schwebe er in einer dunklen Wolke, und was er durch sie hindurch sah, erschien ihm düster und unwirklich. Er blieb rastlos.

Er stellte eine Karte zur Erinnerung und Mahnung auf seinen Schreibtisch. Darauf stand der Satz: *Leben und Tod zählen.*

21 Alte und neue Bekannte versuchten ihn für ihre künstlerischen Zirkel zu gewinnen. Sie veranstalteten lyrische und musikalische Abende, in der Hoffnung auf seine Teilnahme.

Besonders bei den neuen Magistratsherren waren dergleichen Veranstaltungen in Mode gekommen. So wurde Poyun Qiaozhe einmal von dem ehrwürdigen Magistrat Hu Yitang zu einem poetischen Gelage eingeladen, und es hätte großes diplomatisches Geschick verlangt, diese Einladung auszuschlagen.

Also ging er hin.

Der Gastgeber hatte alle Wände mit leeren Papierbögen behängt. Als sich alle versammelt hatten und schon reichlich Wein herumgereicht worden war, ließ er die Augen einer seiner Gäste, eines jungen Malers, verbinden. Dann reichte ihm ein anderer einen tuschegetränkten Pinsel. Der Maler wurde von Wand zu Wand geführt und aufgefordert, Zeichen zu setzen, frei erfundene, aber immer ein anderes. Und jedes Mal mussten die Geladenen für das Gebilde aus Pinselstrichen einen Namen erfinden. Sie kamen auf Begriffe wie *Lotusblatt, Totenkopf, Regentropfen* und *Gebrochene Jadespange*. Oder Ausgefalleneres wie *Drachengesicht, Seidenfaden, Reisigbündel, Gedrehte Wolke* und *Losgebundenes Seil*.

Wenn man sich auf einen Namen einigte, wurde er unter das Pinselzeichen gesetzt. Nachts, in der Dunkelheit, wurden die Namen wieder aufgerufen. Nun sollten die Gäste aus der Erinnerung das Zeichen beschreiben, auf das sich ein bestimmter Name bezog.

Lü oder Poyun Qiaozhe, wie sich Zhu Da jetzt nannte, bemühte sich, mit Worten die Pinselbewegungen des Malers zu wiederholen, als er das Gebilde schuf, das sie

Gefaltetes Ordensband betitelt hatten. Als dann der Diener mit der Dochtlampe das dazugehörige Wandzeichen beleuchtete, meinten alle, Poyun hätte seine Worte tatsächlich als Pinsel verwendet, so genau hatte der Holzhauer der zerschlagenen Wolken das Ordensband beschrieben.

22 Poyun Qiaozhe wurde von einem seiner ehemaligen Schüler aufgesucht. Dieser teilte ihm mit, dass der alte Abt Hongmin im Sterben liege und nach ihm gerufen habe. Sie brachen gemeinsam zu den Bergen auf und fanden den Meister in einem auswärtigen Tempel der Klosteranlage, vom nahen Tod gezeichnet.

– Ich ernähre mich nur noch von Ginseng und anderen Heilpflanzen, aber es hilft nichts, es ist zu spät. Mein Körper ist ein karger Baum, der auf die Winterkrähen wartet und keinen Sommer mehr sehen wird. Ich freue mich, dass du gekommen bist. Du siehst mich zum letzten Mal in diesem Leben.

Der Meister lag auf einer Matte am Boden, den Rücken mit einer Lage Kissen aufgerichtet. Wortlos setzte sich Poyun neben ihn und ergriff seine rechte Hand.

Der Alte wies auf ein Kästchen, das an der Wand stand.

– Ich vermache dir meine Pinsel. Sie müssen weiterhin in Bewegung bleiben. Ich weiß, dass du das Richtige für sie tun wirst. Du wirst sie nicht zur Ruhe kommen lassen, du wirst die Berge und Gewässer, die du findest, auf Papier bannen und deine Zeit nicht müßig verstreichen lassen.

Es war Frühling, die Verandatür war zurückgeschoben und der Blick ging hinaus in die von mildem Licht erfüllte Landschaft.

– Wenn du meine Pinsel einst in der Hand hältst, dann erinnere dich meiner Worte, sagte der Meister. Alles, was du zum Verständnis der Welt brauchst, lehrt dich das Wasser, das zwischen den Bergen und dem Meer kreist. Seine Güte ist es, allen Wesen zu nützen, ohne Streit. Die Funktionen des Berges kennen zu wollen ohne die

Funktionen des Wassers, gleicht dem Mann, der im Meer versinkt, ohne dessen Strände zu kennen oder auf dem Strand steht, ohne die ungeheuren Räume zu kennen, die das Meer füllt.

Der Meister hielt inne. Zuletzt sagte er:

– Die Tusche ist sichtbar gemachtes Wasser, nichts anderes. Der Pinsel trennt das Flüssige von allem Überflüssigen.

23

Im Jahre 1644, als die Dynastien wechselten, war der Knabenkaiser Shunzhi auf den Drachenthron gesetzt worden. Er bevorzugte chinesische Beamte und vertraute besonders auf den Rat der Eunuchen. Seine Niederschlagung der von General Wu angeführten Rebellion war ein wichtiger Schritt für die Festigung der Herrschaft der Mandschus. Als er 1661, noch in jungen Jahren, starb, wurde er von seinem achtjährigen Sohn Kangxi abgelöst.

Kangxi hatte großes Interesse an der klassischen chinesischen Kultur und unterstützte alles, was der Bewahrung der Traditionen zuträglich war. Er suchte, wo immer er konnte, die Zusammenarbeit mit der angestammten Oberschicht, um ihr Wissen zu nutzen.

Nach dem Tod des Meisters vermied Poyun alle Anlässe, hinter denen die neue Administration zu vermuten war. Indessen erreichte ihn eines Tages von oberster Stelle die Aufforderung der kaiserlichen Verwaltung, gemeinsam mit den noblen Literaten des alten Regimes an einer eigens anberaumten Prüfung teilzunehmen, die amtlich als *Ermittlung der Großen Gelehrsamkeit* bezeichnet wurde. Die neuen Machthaber beabsichtigten, die Geschichte ihres Reiches zu schreiben, und dazu waren sie auf Kenner früherer Epochen angewiesen.

Poyun konnte sich dieser Prüfung nicht entziehen. So nahm er denn mit einer Vielzahl ausgewählter Gelehrter daran teil.

Monate später, als die Ergebnisse ausgewertet waren, erhielt er die offizielle Einladung, seine Kenntnisse als Geschichtsschreiber der Ming-Periode den neuen Herren zur Verfügung zu stellen. Der Magistrat Hu Yitang lud ihn ein, ein Jahr in seiner Residenz zu verbringen, wo er sich sorglos seiner Kunst widmen könne, unter der Bedingung, dass er an dem großen Geschichtsprojekt mitarbeite.

Poyun verstand sofort, dass dies keine Einladung war, sondern ein getarnter Befehl, dem er Folge zu leisten hatte.

Aber er verweigerte den Behörden seinen Dienst. Stattdessen warf er sich zu Boden und brach in Schreien und Schluchzen aus, oder er lief lachend durch die Stadt und sprach zu den Schwalben. Mitten auf dem Platz setzte er sich nieder. Bald trommelte er auf den Bauch und sang wüste Lieder, bald eilte er wutentbrannt durch die Marktstände und warf Gemüse in die Luft.

Der zuständige Beamte meldete der Kommission, dass Poyun verrückt geworden sei und als Mitarbeiter für die Geschichtsschreibung der alten Dynastie nicht zu empfehlen.

– Er ist wahnsinnig? Warum sind dann die Erzeugnisse seines Pinsels von solcher Eindringlichkeit und Kraft?, wurde der Beamte gefragt. Und mit welchem Grund hätte ihn die Kommission in die höchste Kategorie der Gelehrsamkeit eingeteilt, dem *Meer der Tusche?*

– Was soll ich sagen, antwortete der Beamte, es sind die Erzeugnisse eines Wahnsinnigen. Wollen wir die Geschichte des Reiches von einem Wahnsinnigen schreiben lassen?

Mit ansehen zu müssen, wie willig ehemals chinesische Beamte und Lehrer der Aufforderung, an dem Geschichtswerk mitzuwirken, nachkamen, erfüllte Poyun mit Abscheu und bitterem Sarkasmus.

Man hatte ihnen einen Köder hingehalten und sie bissen zu.

Er aber sah den Angelhaken in dem Köder, hielt sich zurück und schwamm weiter im Meer der Tusche.

24

Es schnürte ihm manchmal die Brust zu. Er fühlte sich gleichzeitig überschäumend und tief betrübt, wie ein Quellstrom, den ein Felsbrocken hemmt oder ein Feuer, das eine nasse Decke erstickt.

Er hatte einen Traum.

Er lag auf dem Blütenblatt einer riesigen Lotusblume, eine samtige, unbeschattete, duftende Fläche. Mit einem Mal begann sich dieser weiße Teppich von den Rändern her aufzurichten, bis sich ein Trichter bildete. Sein Körper kippte und kam ins Rollen. Als der Blütenkelch immer steiler wurde, konnte er sich nirgends festhalten und er begann zu rutschen bis er in ein Becken fiel. Es war angefüllt mit schwarzer Tusche. Die Tusche war warm, wie sein Körper, und er spürte keine Angst, er fühlte sich darin geborgen. Nun tauchte er ab in dem schwarzen Saft und seine Augen und sein Mund verschlossen sich. Er rang nicht nach Luft, die Tusche schien für ihn zu atmen.

Sie sog ihn ein, durch einen langen engen Kanal, der nur so breit war wie sein Körper. Er glitt im Inneren des Stiels hinunter, bis er irgendwann eine weiche Unterlage spürte, die die Tusche absog, wie Sand das Wasser. Es wurde immer heller, bis er in der Entfernung ein silbernes Lichtband wahrnahm. Von einer feinen schwarzen Welle getragen, näherte er sich dem Licht. Er strich mit der Hand über den Boden und spürte die raue Oberfläche von Papier.

Als er jetzt auch seinen Körper befühlte, war er feucht und glatt. Die Haut war schuppig geworden und schimmerte rötlich. Er wollte aufstehen, aber dazu fehlten ihm die Beine. Stattdessen hatte er jetzt Flossen bekommen, und sie klebten am Papier. Er zappelte, um sie zu lösen, aber durch das Zappeln verklebten sie noch fester.

Da ging ein Mann vorbei und er rief ihm zu:

– Ich habe meine natürliche Umgebung verloren und weiß weder ein noch aus. Bekäme ich einen Eimer Wasser, würde mich das am Leben erhalten!

Der Mann neigte sich zu ihm herab. Er erkannte das Gesicht des Regierungskommissärs wieder, der ihm den kaiserlichen Auftrag überbracht hatte, am großen Geschichtswerk mitzuarbeiten. Der Mann bestrich seinen glatten Bauch, um die Feuchtigkeit zu prüfen, und meinte dann:

– Ich bin auf dem Weg ins Tusche-Meer. Ich werde von dort einen Kanal herleiten. So kannst du hinüberschwimmen. Ist dir das recht, Goldfisch?

– Wenn es nach Euch geht, mein Herr, dann könnt Ihr bald im Laden für Trockenfisch nach mir suchen!

25

Seine Frau und er entfremdeten sich voneinander. Seine Stimmungsschwankungen und seine Wortkargheit wurden ihr unerträglich und sie ging zu ihrer Familie zurück. Er war selbst verzweifelt über seinen Zustand und bat sie, ihn nicht zu verschmähen. Er drang auf sie ein:

– Du hast mit großen Worten beteuert, dass wir zusammen essen und schlafen sollen. Aber in den vergangenen dreißig Tagen sind es neunundzwanzig gewesen, an denen das nicht der Fall war. Jede Nacht fallen Blätter vom Wutong-Baum nieder und spärlicher werden die Samen.

Sie fragte ihn, warum er draußen tanze und schluchze, sich manchmal ausgelassen gebärde, nur um wieder in Schweigen zu versinken. Warum er so oft unterwegs sei.

Sie hatte plötzlich Angst vor ihm.

Er konnte und wollte es ihr nicht erklären. War er vielleicht doch verrückt geworden?

Er malte ein kleines Bild von Holzapfelblüten und schrieb darunter: *Dein Mann ist so gut und so schlecht wie zuvor. Weshalb gibt es keine Harmonie mehr zwischen Dir und ihm? Warum machst Du Anstalten, ihn für ein Pferd einzutauschen? Einst sprachen wir davon, jenseits der Wu-Brücke einen Kiefernwald zu kaufen und Hirsche zu züchten und die beste Tusche herzustellen für alle Bilder der Welt. Rote Blumen bedecken den Hang, die Frühlingsbäche liebkosen die Felsen. Wie deine Liebe öffnen sie ihre Blüten und verwelken. Der Bach fließt endlos, wie mein Gram.*

Dieses Bild sandte er ihr, als sie ihn bereits verlassen hatte. Aber sie antwortete ihm nicht. Wieder schrieb er ihr: *An wen soll sich der Duft der Orchidee anlehnen? Ich kann nicht mehr unterscheiden, ob die Dämmerung dem Morgen gehört oder dem Abend. Warst Du es, die mir diese kreischenden Raben hierher schickte? Ich hasse die Weide vor dem Pavillon. Ich beobachte Ameisen im Moos, die ihr Nest verschieben. Die unerträgliche Traurigkeit der tropfenden Kiefern im Regen und dieser Wind, der nicht aufhört zu wehen.*

Aber es kam nie ein Wort zurück.

26

In dieser Zeit fasste er zum ersten Mal Mut, den Pinsel seines verstorbenen Meisters in die Hand zu nehmen.

Er legte ein Blatt hin und schüttete Wasser ins Becken des Reibsteins. Er rieb Tusche an und tränkte den Pinsel. Dann fuhr er damit über den Pfirsichstein, bis die Haare nicht mehr tropften.

Er setzte den Pinsel in der linken unteren Ecke des Blattes an, zog einen starken Strich über die ganze Breite des Blattes und führte ihn dann in einem rechten Winkel nach oben fort, wobei er die Hand allmählich abhob, so dass der Strich nach einer leichten Wendung nach links, in einer Spitze auslief. Um diese Spitze ordnete er drei sattschwarze, beinah runde Flecken, und zwischen diesen malte er mit der Pinselspitze einige parallel laufende feine Wellenlinien.

Über dem Ansatz des ersten breiten Strichs zuunterst auf dem Blatt führte er nun den Pinsel in einer leicht schlängelnden Bewegung hinauf bis an den oberen Papierrand, wo er den Strich wiederum mit zwei Flecken abschloss, die allerdings durch den Rand abgeschnitten wurden. Die drei längeren prägnanten Strichen ergänzte er zu beiden Seiten mit einigen kurzen Zacken, indem er die Pinselspitze aus etwa fingerbreitem Abstand mit einer schnellen Bewegung in die schwarze Ader hineinzog.

Er benetzte die Pinselspitze ein zweites Mal mit Tusche und unterschrieb das kleine Blatt mit den Zeichen *ba da shan ren*. Er hatte sich einen neuen Namen gegeben: Mann auf dem Berg der acht Himmelsrichtungen.

Zur Bestätigung drückte er sein Siegel auf.

Als er das Blatt an die Wand heftete, um es zu betrach-

Blütenzweig mit Stacheln, Albumblatt

ten, hing dort ein feine Astgabel, an deren einem Ende eine Rose blühte.

Wie ein bewaffneter Wächter verteidigte der bestachelte Zweig die Schönheit an seiner Spitze. Die verführerischen Blütenblätter würden bald abfallen, doch die Stacheln würden bleiben.

27

Seit ihn seine zweite Frau verlassen hatte, führte Bada Shanren ein Leben als Vagabund. Im Alter von sechzig Jahren hatte er keinen Schlupfwinkel mehr, alle Bande waren gelöst.

Er hatte sich von allem losgesagt, wofür er in seinem spärlichen Gepäck kein Platz fand. Alles andere schien ihm überflüssig.

Wie ein Vogel zog er von Ort zu Ort, pfeifend und singend, ließ sich vorübergehend nieder. Er nahm jede Gastfreundschaft an, die man ihm gewährte. Doch oft begegneten ihm die Leute voller Misstrauen, sie hielten ihn für verrückt.

Wo immer es ging, kam er bei Freunden unter.

Wenn er einen alten Bekannten traf, machte er sich sofort behilflich und arbeitete tagelang ohne Unterbrechung für ihn. Er strengte sich bis zum Äußersten an und dabei vergaß er alles andere.

So lebte er.

28

Er benutzte fortan nur noch diesen einen Namen, Bada Shanren. Man fragte ihn nach der Bedeutung des Namens und er antwortete:

– Die Himmelsrichtungen symbolisieren die acht Richtungen des Raumes, die jeder Maler, der dieser Bezeichnung würdig ist, mit einem einzigen Pinselstrich zu entfalten imstande sein müsste.

Wenn er die vier Zeichen seines Namens schrieb, *ba da shan ren*, setzte er sie so zusammen, dass sie nicht nur als Bada Shanren gelesen werden konnten, sondern in anderer Zusammensetzung auch als die Zeichen Kuzhi und Xiaozhi, welche der Weinende und der Lachende bedeuten. Er war der Lachende, der zugleich weinte, und der Weinende, der auch lachte. Er konnte weder bloß weinen noch lachen, sein Gelächter enthielt immer eine Träne und er weinte lachende Tränen.

– Ist es nicht furchtbar, so voller Ungewissheit und Angst vor der Zukunft zu leben?, fragte ihn ein Freund, der ihn für eine Weile beherbergte.

In derselben Nacht legte sich Bada Shanren ein Blatt Papier zurecht, rieb Tusche an und senkte den Pinsel ins Becken des Reibsteins.

Er malte etwas rechts von der Mitte einen großen Punkt. Darunter einen kurzen flachen Strich, seitlich davon einen ebensolchen senkrechten und über dem Punkt einen fein gezogenen Bogen von der Breite einer Fingerkuppe. Um diese Zeichen herum ließ er ein wenig Freiraum, dann bemalte er eine etwa handtellergroße Fläche neben und unterhalb der beiden kurzen Striche, indem er den Pinsel auf das Papier niederdrückte, um die eigene Achse rollte und wedelte, so dass ein ungleichmäßiger schwarzer Fleck entstand, dessen Ränder, durch einzelne Pinselhaare durchbrochen, feinste Spitzen aufwiesen.

Am unteren Ende dieses Farbknäuels zeichnete er einen dünnen waagrechten Strich, der bis zur Lotlinie des Punktes reichte. Auf halber Strecke dieses Strichs fügte er einen zweiten, ebenso feinen, allerdings viel kürzeren Strich hinzu, der den früheren in spitzem Winkel kreuzte.

In der linken Bildhälfte, etwas tiefer als der erste Punkt, setzte er nun einen zweiten, umrandete auch diesen mit einem Strich, den er in leichtem Bogen nach unten und dann fast waagrecht nach rechts zog. An dessen Ende setzte er den Pinsel erneut an, führte ihn schräg nach unten, kippte die Hand und bewegte sie ein wenig nach rechts. Durch die entstandene Knickstelle in der Linie malte er einen geraden Strich nach unten und ließ ihn schon kurz nach dem Schnittpunkt spitz enden. Auch über dem zweiten Punkt drückte er wie zuvor den Pinsel auf das Papier, vergrößerte den dadurch entstehenden Fleck nach oben und ließ ihn schließlich zur Seite hin auslaufen. Über dem Punkt wurde eine fast rechteckige Form sichtbar, die nur in der rechten oberen Ecke einen kleinen Überhang bildete.

Jetzt tauchte er den Pinsel erneut ein und unterschrieb das Blatt mit den Zeichen *ba da shan ren*. Zuletzt drückte er sein rotes Siegel auf. Dieses Blatt schenkte er seinem Gastgeber und meinte:

– Hier seht Ihr, wie ich mich fühle.

– Das sind doch zwei Küken, sagte der Gastgeber.

– Ja, antwortete Bada, und ein Adler kreist über ihnen, aber das seht Ihr nur im Ausdruck der Küken. Der Raubvogel wird sich auf sie stürzen, doch sie können ihre Angst teilen und auf ihre Mutter zählen. Ich habe die Schwelle der Heimat längst überschritten und auf der Länge des Weges zittert mein Herz. Meine Angst teile ich allein mit meinen Bildern.

Zwei Küken, Albumblatt

29

Eines Tages war Bada Shanren bei einem Goldfischzüchter zu Gast. Er führte Bada durch seinen Garten, den er den *Garten des Gelben Bambus* nannte.

Sehr zu Badas Verwunderung verlor sein Gastgeber kein Wort über Goldfische. Für alle Sträucher und Bäume hatte er eigene wohlklingende Namen erfunden und schwärmte von ihren zarten Farben und der Vielfalt ihrer Blattformen. Erst spät am Nachmittag fasste er Bada plötzlich am Arm:

– Das ist der Moment. Jetzt ist das Licht richtig.

Bada wurde zu der Veranda hinter dem Haus geführt. Dort stellte ein Gehilfe eben eine Anzahl blauweißer Porzellanschüsseln auf die niedrige Mauerbrüstung.

– Meister, sagte der Gastgeber, bitte schaut Euch meine Fische an. Schaut Euch alle an und sagt mir dann, welcher Farbton Euch am besten gefällt!

Bada blickte der Reihe nach in die Schüsseln. Ihm fiel auf, dass der Goldfischzüchter die Fische in einer Farbskala angeordnet hatte. Der erste war safrangelb. Die Schuppen des zweiten schimmerten rosa, der dritte sowie der vierte waren von hellem Orange. Der fünfte strahlte in grellem Rot, der sechste hatte einen purpurnen Rücken. Der letzte erschien ihm fast violett.

In jeder Schüssel war nur ein einziger Fisch, beinah von der Größe eines Karpfens. Die Fische waren so groß, dass sie in der Schale nur einen engen Kreis schwimmen konnten, wobei sie den schweren Rumpf bis zum Äußersten zu biegen hatten. Sie bemerkten offenbar die Veränderung des Lichts auf der Wasseroberfläche, wenn sich Bada über sie beugte. Sie blickten ihn mit ihren großen runden Augen durch das klare Wasser an und schienen den Wasserspiegel mit ihren prallen Lippen küssen zu wollen, wobei das feine Glas jedes Mal zersprang. Das Licht schimmerte farbig auf ihren gedrungenen Rücken.

Bada entschied sich für den letzten Fisch, den violetten.

– Warum den dunkelsten, Meister?, fragte der Goldfischzüchter etwas überrascht.

– Wenn ich mittags im Sonnenlicht am Teich stünde und sähe einen Schwarm Eurer violetten Fische, so sähe ich im Wasser die schwimmende Nacht.

30 Nach dem Besuch beim Goldfischzüchter ließ sich Bada Shanren am Ufer eines Sees in der Nähe des Orchideentempels nieder und richtete sich dort ein altes Fischerhäuschen ein. Dem bescheidenen Wohnsitz gab er den Namen *Gesang nach dem Erwachen*. Er schrieb ihn mit großen weißen Lettern auf die Holzplanken.

Als er mit der Umgebung vertraut geworden war und wieder Ruhe gefunden hatte, legte er einen langen Papierbogen auf seinen niedrigen Maltisch. Um das Blatt gestreckt zu halten, beschwerte er es mit Steinen aus dem Fluss. Er rieb Tusche an und tauchte den Pinsel ein.

Aus der linken oberen Bildecke ließ er eine große unregelmäßige Form herauswachsen, die er stellenweise mit Schraffuren konturierte. Diagonal gegenüber, in der unteren rechten Bildecke, malte er eine zweite, ähnliche Form. Ihre Konturen schienen sich über den weiten Zwischenraum hinweg anzuschmiegen. Dahinein malte Bada mit der Pinselspitze einen kurzen geknickten Strich, dessen oberes Ende sich zweizackig spreizte. Zwei Handbreit entfernt, etwas nach unten versetzt, trug er einen durchgezogenen Strich auf, der sich am rechten Ende ebenso aufspaltete, zusätzlich aber durch einen weiteren feinen Strich nach unten abgerundet wurde, so dass zwischen dem höher liegenden geraden und dem tieferen gerundeten Strich eine schmale Leerfläche erhalten blieb.

Auf diese Weise malte er noch vier weitere Objekte ähnlicher Gestalt und Größe, dicht an der Umrisslinie der tiefer liegenden großen Form.

In der oberen Ecke unterzeichnete er das Bild zuletzt mit seinem Namen und stempelte sein Siegel darunter.

Als die Tusche getrocknet war, befestigte er die Papier-

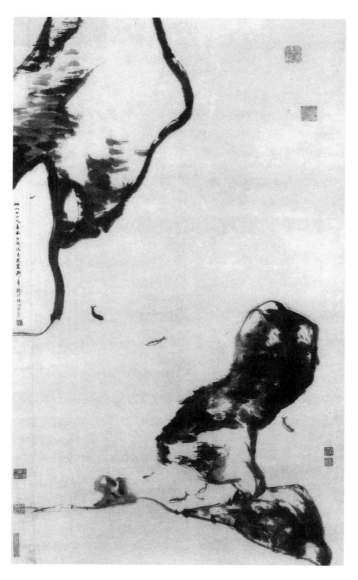

Fische und Felsen, Hängerolle (Ausschnitt)

rolle an einem der Deckenbalken, so dass sie das einfallende Licht fing. Stellenweise schluckte die schwarze Farbe die Sonnenstrahlen oder die Tusche ließ das Licht hindurchschimmern, und es entstanden graue Wolken, während die unbemalte Papierfläche im Gegenlicht die Tiefe von Dünen gewann.

Zwei Felsbrocken ragten aus der Uferböschung über das stille Wasser des Sees. Zwischen den Felsen und um sie herum war Bewegung. Dort tummelten sich Elritzen im klaren Wasser.

Ein sanfter Windstoß erfasste das wie ein Vorhang niederhängende Bild und eine leichte Welle der Erschütterung lief über die Länge des Papiers. Für Momente hoben die Fischlein ab und schwammen in der Luft. Ihre Freude galt der Ewigkeit, die vor ihnen lag. Aber keiner drängte sie, es offen auszusprechen.

31

Bada Shanren war ein Meister geworden und junge Maler kamen von weit her, um ihm ihre Werke zu zeigen und Wegweisungen zu erhalten. Sie brachten meist kleine Geschenke mit, Tuschetabletten aus ihren Provinzen oder ein Kistchen Marmelade, und er bedankte sich vornehm. Diese Besuche durchbrachen lange Phasen der Schweigsamkeit, wenn er sich ganz in seine Arbeit versenkte.

Geduldig sah sich Bada die Berge und Flüsse, die Kiefern, Bambusstauden und blühenden Zweige an, all die Kraniche und Wildgänse und Fische. Alles schien ihm so oberflächlich, so steif und leblos. Ein Haufen von Knochen und Asche. Dem Maler gab er dann den Rat:

– Wenn du gehst, denke nicht ans Gehen, sondern lass die Weichheit des Waldbodens deine Füße zum Tanzen bringen. Wenn du malst, denke nicht ans Malen, sondern an einen Tanz des Handgelenks.

Alsbald suchten ihn in seinem Fischerhäuschen auch Mönche aus dem Kloster der Grünen Wolke auf.

Einmal saß er mit einem Mönch am Ufer des Sees und sprach vom Vergnügen, ein Fisch zu sein.

– Aber Ihr seid doch kein Fisch, Meister, entgegnete der Mönch. Wie wollt Ihr wissen, ob sich die Fische freuen?

– Du bist nicht ich, antwortete Bada. Wie willst du wissen, dass ich nicht weiß, wann sich ein Fisch freut?

– Nein, ich bin nicht Ihr, sagte der Mönch, also kann ich nicht wissen, was Ihr im Sinn habt. Aber sicher seid Ihr kein Fisch. Das steht fest. Darum bestreite ich, dass Ihr das Vergnügen der Fische kennt.

– Beginnen wir noch einmal von vorn, sagte Bada. Als du mich fragtest, wie ich wissen könne, wie sich die Fische fühlen, da wusstest du schon, dass ich es weiß, und du fragtest mich nach dem Wie. Meine Antwort darauf ist: Ich weiß es, da die Fröhlichkeit, die ich spüre, nicht die meine ist.

32

Auch der Literat und Funktionär Shao Changheng hatte den sehnlichen Wunsch, Bada Shanren zu begegnen. Er hatte dessen Kalligraphien studiert und bewunderte sie, ohne sie jemals erwerben zu können.

Als Shao im Jahre 1688 sich als Gast des mit ihm befreundeten Abtes im Kloster *Orchidee des Südens* in der Nähe von Nanchang aufhielt, wurde ein kundiger Mönch zum Wohnort des Meisters geschickt, um ihm die Bitte einer persönlichen Begegnung anzutragen. Der Bote kehrte andertags mit der Antwort zurück, der Meister habe zugesagt, Shao Changheng im Orchideentempel zu treffen.

Als der vereinbarte Tag kam, goss es in Strömen. Shao durfte angesichts des schlechten Wetters nicht erwarten, dass der alternde Meister die Verabredung einhielt. Ungeachtet seiner Zweifel ließ er eine Bambussänfte kommen und machte sich auf den Weg.

Schon auf halber Strecke zum Tempel lief ihm Bada entgegen, begrüßte ihn voller Herzlichkeit und brach dann in lautes Lachen aus. Shao sah einen älteren Mann von schmächtiger Gestalt mit leicht rötlichem Gesicht, eingefallenen Wangen und einem dünnen Schnurrbart, dessen Enden in feinen Strähnen herabhingen. Der Mann trug einen Fischerhut, von dem ringsum das Regenwasser herabtropfte wie von einer Brunnenschale. Seine Schuhe und der Umhang trieften vor Nässe, aber es schien den Mann nicht zu stören, er begleitete die Sänfte tanzend und singend auf dem letzten Wegstück zum Kloster.

Sie verbrachten die halbe Nacht unter Gesprächen bei Lampenschein. Der Meister wurde zunehmend schweigsamer, wogegen seine Gesten immer heftiger wurden, bis sie den ganzen Körper mitzogen.

Unvermittelt verlangte Bada nach Tusche und Pinsel, die von den Mönchen sogleich bereitgestellt wurden. Nun begann er frenetisch Blätter mit Kalligraphien zu bedecken, dunkle Worte zu schreiben, die Shao nicht zu deuten wusste. Bada wütete so lange, bis er vor Erschöpfung zusammenbrach und auf der Stelle einschlief.

Draußen stürmte es heftig und aus den Dachrinnen rauschte das Wasser. Windstöße rüttelten an den Fenstern und Türen, und rings um den Pavillon stöhnten die Bambusstauden wie Tiger im einsamen Gebirge.

Es war ein solcher Aufruhr in dieser Nacht, dass Shao keinen Schlaf fand. Eine grenzenlose Traurigkeit überfiel ihn wie schwarzes Wasser, das in ein leeres Seebecken strömt. Er hätte gerne den Meister geweckt und mit ihm Tränen vergossen, doch er gehörte nicht zu den Menschen, denen solches gelang, und es machte ihn nur noch trauriger.

Er konnte nicht schlafen, denn er fühlte sich wacher als am Tag, wacher, als er sich je gefühlt hatte.

Während der Sturm weiterwütete, blieb Bada reglos liegen wie ein Ertrunkener.

Shao machte sich Sorgen und beugte sich über ihn.

Bada schlief fest und seine Miene war heiter.

33 Später, im Sommer, besuchte ihn wieder ein junger Maler, stellte ihm viele Fragen und bat ihn um Ratschläge.

– Wie kann ich einen eigenen Stil entwickeln?, wollte der Maler wissen.

– Originalität!, lachte Bada. Ich bin, wie ich bin, ich male, wie ich male. Ich habe keine Methode, ich denke nicht an Originalität, ich bin nur ich selbst.

– Aber ich muss mich doch für den Stil der nördlichen oder der südlichen Schule entscheiden.

– Du kommst aus keiner Schule und du gehst in keine Schule. Die Schule kommt auch nicht zu dir und von dir geht keine Schule aus. Nimm Pinsel und Tusche und male einfach deinen Stil.

Bada sah den fragenden Blick des jungen Mannes. So erklärte er weiter:

– Wir wissen nicht, welcher Stilrichtung die Alten folgten, bevor sie ihren eigenen Malstil entwickelten. Und als der ausgereift war, erlaubten sie es den Nachkommen nicht mehr, den gefundenen Stil aufzugeben. Über Hunderte von Jahren sind ihre Nachfolger nicht in der Lage gewesen, ihre Köpfe vom Boden zu heben. Das sieht denen ähnlich, die die Fußstapfen der Alten anerkennen statt ihr eigenes Herz. Es ist wirklich beklagenswert, so wird ein junger Maler zum Sklaven eines anderen, bekannten Malers. Im Übrigen vermeide Flachheit, umständliche Kleinigkeiten und vor allem, an einem bekannten Muster weiterzustricken. Was ist Malerei, wenn nicht die Methode der Veränderungen und Entwicklungen des Universums?

– Muss ich denn nicht bei den Vorbildern beginnen und deren Klasse erreichen, bevor ich den eigenen Weg einschlagen kann?, gab der Schüler zu bedenken.

– Wenn du so redest, vergisst du, dass du neben den alten Vorbildern auch dein eigenes hast, dich selbst. Du existierst, so wie du bist. Du kannst dir nicht die Bärte der Alten aufkleben. Du musst versuchen, dein Leben zu sein und nicht der Tod eines anderen. Daher ist die beste Methode des Malens die Methode, keine Methode zu haben. Wenn auch der Pinsel, die Tusche, die Zeichnung alle ganz falsch sind, bleibt das, was dein Ich ausmacht, dennoch erhalten. Du sollst nicht vom Pinsel gehandhabt werden, du musst den Pinsel selbst handhaben.

34 Bada Shanren war vom Abt in den Orchideentempel geladen worden. Sie tranken viel Schnaps und lachten in die Sommernacht hinein.

Anderntags verabschiedete sich Bada in aller Frühe von seinem Gastgeber und machte sich auf den Rückweg zu seinem Fischerhäuschen, wo er noch immer wohnte.

Ein feiner Regen hatte eingesetzt. Bada ging durch den Kiefernwald unterhalb des Klosters und sog den Duft ein, den die feuchten Bäume verströmten. Im Stillen sagte er sich: Du musst wissen, wann die Welt dich aufgenommen hat und wann die Zeit gekommen ist, sie zu verlassen. Mein Leben zerrinnt wie die Pracht der Kirschblüten im Regen und ich fühle bloß Trauer über die verbliebene Leere. Ich habe sie mit meinen Zeichen gefüllt, aber hätte ich damit meine Existenz bewiesen?

Er blieb stehen. Ist das nun ein Selbstmordgedanke? Oder ist es das Gegenteil eines Selbstmordgedankens? Warum hat der Regen diese Wirkung auf mich? Es gibt doch nichts Weicheres in der Welt als das Wasser. Und doch gibt es auch nichts Besseres, um harte und starke Dinge zu erweichen.

Er näherte sich seiner Bleibe. Er sah das Häuschen am See, am Fuße des Berges kauernd, und wieder blieb er stehen, um den Anblick auf sich wirken zu lassen.

Die Bäume, die Felsen, der Bergbach im Regen.

Alles schien ihm verschwommen und entrückt. War das, was sich ohne Unterlass abspielte, nur das Fließen der Dinge? Waren es die tropfenden Bäume im Dunst, die die Welt so erscheinen ließen, oder waren es die Tränen in seinen Augen?

Kaum war er in seine Wohnung getreten, griff er nach einem großen Blatt und wischte mit dem durchnässten

Ärmel seines Gewandes über das Papier. Hastig schüttete er Wasser in den Reibstein und bereitete die Tusche vor.

Mit dem schwarz glänzenden Pinsel zog er in der Mitte des Blattes in unterschiedlichen Abständen fünf parallele Linien vom linken Rand her in die Papierfläche hinein, die hier kaum befeuchtet war. Und sogleich setzte er sieben senkrechte oder schräge Striche hinzu, bis der Umriss seines Häuschens erkennbar wurde, das allerdings durch den Blattrand zur Hälfte abgetrennt war.

Nun griff er zum Pinsel mit den abgeschnittenen Haaren. Er drehte ihn einige Male in der Tusche und zog ihn über die Länge des noch feuchten Papiers hinweg, indem er abwechselnd nur die Kante verwendete oder ihn wie eine Bürste niederdrückte, um ihm noch eine leichte Drehung zu geben, ehe er ihn am unteren Ende des Blattes abhob. Auf diese Weise malte er eine Folge von säulenartigen hell- und dunkelgrauen Formen, die fließend ineinander übergingen, da das feuchte Papier die Konturen auflöste.

Sein kleines Haus aber stand fest und klar am Berghang und kehrte der weinenden Welt den Rücken, dem verlassenen Gebirge hinter einem Vorhang von Regen.

Den Berg hinunter liefen feine Bäche von Tusche, ja der ganze Berg schien zu zerfließen, als sei er nichts als eine große Wunde der Welt.

Er schrieb seinen Namen auf das Bild und das Datum dazu: *Gemalt in der Nacht auf den 27. Tag des neunten Monats*. Das Jahr nannte er nicht. Seine Bilder existierten nicht in der Zeitrechnung der neuen Dynastie.

Landschaft mit Hütte, Albumblatt

35

Es waren seit dieser Septembernacht einige Jahre vergangen. Bada Shanren hatte das Alter von siebzig Jahren erreicht. Er richtete einen Brief an einen Freund und beschrieb seinen üblichen Tagesablauf:

Ich habe einen sauberen Tisch unter einem hellen Fenster. Ich lese Ideen von verstorbenen Meistern einer vergangenen Dynastie. Ich schließe das Buch und lasse ein Räucherstäbchen brennen, während ich darüber nachdenke. Wenn ich das Gefühl habe, etwas verstanden zu haben, bin ich glücklich und lächle zu mir selbst. Ich greife zu Tusche und Pinsel, um meine Gedanken auszudrücken und meinen Kopf zu entleeren. Ein hoher Gast kommt an, aber wir halten uns nicht an die Formalitäten. Ich koche uns grünen Tee und zusammen genießen wir die wunderbaren Gedichte, die er mitgebracht hat. Nach einiger Zeit beleuchten tiefe gelbe Strahlen der Abendsonne den Raum und ich sehe im Türrahmen den aufsteigenden Mond. Der Besucher bricht auf und überquert den Bach, der vor meinem Haus in den See mündet. Dann schließe ich die Tür und lege mich auf meine Matte. Auf dem Rücken liegend betrachte ich den Mond durchs Fenster. Ich bleibe unbewegt liegen und fühle mich sorgenlos und zufrieden. Ich lausche dem Klang einer einsamen Zikade. Wer komponiert dort draußen eine Elegie für mich? Meine Gedanken werden weit fortgetragen.

36

Es war Frühling. Bada Shanren saß auf seiner schmalen Veranda und dachte an seine Frau. Wo sie wohl jetzt sein mochte?

Trotz der Sonne regnete es ausgiebig.

Die Uferböschung färbte ein blasses Grün.

Die Trauerweide streifend, flog ein Reiherpaar herbei.

Ein Bad, dann Freudensprünge im nackten Licht.

Der Vorhang des Regens lüftete sich, der Blick ging in die Tiefe eines Horizonts aus Jade, entlang gedrechselter Balustraden von Wolken ohne Ende.

Das Wasser des Sees spiegelte den verstiebenden Himmel, die Bäume hielten den Nebel wie Räuchergefäße und gaben ihre Formen nach und nach dem Auge zurück.

Bada erschöpfte sich in dem weiten Blick nach Süden.

Dies winzige Herz, dachte er, und Augen, die ins Unendliche blicken.

Und er wusste kaum, ob er dieses Bild gerade in Gedanken malte oder ob er es wirklich sah.

Er wartete und beobachtete jede Veränderung. Die Wolken wirkten so dicht, als könnte er große Blöcke herausschlagen.

Er stellte sich ein Himmelshaus aus Wolkenblöcken vor.

37 Mit den Jahren wurde ihm das Leben in der Abgeschiedenheit zu beschwerlich. Bada Shanren entschloss sich, in seine Heimatstadt Nanchang zurückzukehren.

Dort mietete er sich ein schäbiges Zimmer in Xifumen, einem armseligen Quartier im Südteil der Stadt.

Hohe Pflanzen bedeckten die Fassade, schlängelten sich um Tür und Fenster und verdunkelten den Raum.

Bada gefielen diese Pflanzen, er wollte in ihrer Nähe wohnen, und deshalb zog er dort ein, auch wenn die Häuser trostlos und heruntergekommen wirkten.

Das Zimmer war in einem kläglichen Zustand, die Fensterrahmen waren verlottert und alles lag im Staub.

Aber er war schon so tief in den Geist des Chan eingedrungen, dass es auf die äußere Umgebung kaum noch ankam.

Seinen Pinseln konnte der Staub und der Mangel an Licht nichts anhaben.

38

Die Spinnen, die sich in allen Ecken eingenistet hatten, vertrieb er nicht. Morgens, wenn etwas Sonnenlicht durch die Fenster fiel, fingen auch die Spinnennetze die Strahlen und er konnte jeden einzelnen Faden erkennen. Abends verloren sich die Fäden wieder in der Dämmerung und der Körper der Spinne schien wie ein schwarzer Punkt im Raum zu schweben.

Wie leicht ich sie doch zerdrücken könnte, dachte Bada.

Er freute sich wie ein Kind, wenn er morgens die kleine Spinne reglos im Mittelpunkt ihres Netzes über dem Fenster warten sah. Sie wartete, als könne jeder Moment dieses Warten beenden, wenn sich eine dicke Stubenfliege verfing.

Aber das geschah selten.

Eines Tages fiel ihm auf, dass das Netz am Fenster auf der rechten Seite zerrissen war und auch die Spinne fehlte. War das nächtliche Gewitter die Ursache?

Später erschien die Spinne jedoch wieder. Sie war dabei, ein neues Netz aufzuspannen, etwas nach rechts versetzt und zudem dichter am Fensterrahmen. Dadurch blieb zwischen dem neuen und dem übrig gebliebenen Teil des alten Netzes ein wenig Luftraum.

Bada konnte die Augen nicht von der Spinne lösen und verfolgte die langsame Prozedur des Netzspannens. Jetzt erkannte er jedoch, dass es sich um eine andere Spinne handeln musste, denn auf die zerstörte Takelage des alten, etwas höher gelegenen Netzes krochen wieder emsige Beinchen; es handelte sich zweifellos um die alte Spinne, die zurückgekehrt war, um den Schaden an ihrem Netz zu ermessen.

Sie muss erschrocken sein. Inzwischen war ein Artgenosse aufgetaucht, der durch ein neues Netz den Vorrat an Fliegen in dieser Ecke wohl gänzlich für sich selbst beanspruchen würde. Die zweite Spinne setzte sich denn auch sofort in den Knotenpunkt ihres Netzes und erwartete die Annäherung der ersten Spinne ohne Freude.

Als diese ebenfalls das noch intakte Zentrum ihres beschädigten Netzes erreicht hatte, sah sie sich also, nur einige Körperlängen entfernt, mit einer anderen Spinne konfrontiert, die ihr eigenes Netz schon ausgespannt hatte. Die beiden Spinnen schienen nun keine Fliege mehr zu erwarten, sondern die nächste Bewegung ihres Gegenübers. Doch keine rührte sich. Nur über die dünnen Beinchen übertrug sich ein feines Zittern auf die Fäden.

Bada wandte seinen Blick ab und bereitete aufgeregt seine Sachen zum Malen vor. Er legte ein kleines quadratisches Albumblatt auf die Tischplatte und rieb Tusche an. Er benetzte den Pinsel und glättete das Haarbüschel am Pfirsichstein zu der feinsten Spitze.

Eine Fingerlänge oberhalb des Blattmittelpunktes, etwas nach links versetzt, zeichnete er mit äußerster Sorgfalt die feinen Körperumrisse der Spinne in der Größe seines Daumennagels, zwei winzige Punkte als Augen und von der Körpermitte aus spiegelbildlich vier Beinchenpaare, wobei die Spitzen der Beine, miteinander verbunden, exakt eine Kreisform bildeten. Die Körperachse des Insekts zeigte in die untere rechte Ecke des Blattes.

Nun zeichnete er unterhalb dieser Spinne und ein wenig nach rechts verschoben eine zweite Spinne auf das Papier, deren Körper so zu liegen kam, dass seine Achsenlinie sich mit derjenigen der ersten Spinne im Mittelpunkt des Blattes kreuzte. Die zweite Spinne war von der

Zwei Spinnen, Albumblatt

ersten nur dadurch zu unterscheiden, dass ihr hinterstes rechtes Bein nicht gestreckt, sondern etwas angewinkelt war, wodurch sie ahnen ließ, dass sie wohl diejenige sein würde, die die nächste Bewegung vollführte.

Bada hatte keine Fäden gezeichnet, nur Spinnenrümpfe und gestreckte, haarbreite Beinchen, und dennoch überspannte das Blatt scheinbar ein feines Netzwerk aus silbernen Fäden.

Doch im Mittelpunkt dieses Netzes saß weder die erste noch die zweite Spinne, denn es war der Mittelpunkt des Blattes. Dort saß eine unsichtbare Spinne, die das Auge gefangen hielt und über das ganze Bild ein Netz von Bedeutung spannte.

Mit dieser dritten Spinne konnte weder die eine noch die andere wetteifern. Sie sahen sie nicht. Sie merkten nur, dass die Mittelpunkte ihrer Netze zu nahe beieinander lagen. Nie würden sie den Schnittpunkt ihrer Wege erreichen.

So erstarrten sie in ewiger Erwartung.

39

Ein Brief erreichte Bada Shanren, als dessen Absender ein gewisser Shitao zeichnete. Der Mann schrieb, er sei in der Provinz Guangxi zur Welt gekommen. Als er drei Jahre alt war, sei sein Vater, der Prinz von Jingjiang, einem internen Machtkampf der letzten Ming zum Opfer gefallen. Sein Vater war ein Nachkomme des ältesten Bruders des Gründers der Ming-Dynastie. Somit seien Bada und er entfernte Verwandte.

Nach dem Tod seines Vaters hätte er viele Jahre in der Anonymität gelebt, schrieb Shitao weiter. Er hätte sich *Der Übriggebliebene von Jingjiang* genannt. Schließlich sei er in ein buddhistisches Kloster eingetreten, wo er sich den Namen *Mönch mit der Kürbisflasche* gab. Im Kloster hätte er mit der Tuschemalerei begonnen. Viele Jahre später hätte er das Kloster unvermittelt wieder verlassen. Nun lebe er schon seit geraumer Zeit als Vagabund in den südlichen Provinzen.

Ich habe viele Existenzen, aber in der Malerei bin ich immer ich selbst, schrieb er.

Dann kam Shitao auf Bada zu sprechen: *Ich hatte in Yangzhou, dem künstlerischen und wirtschaftlichen Zentrum unserer Epoche, Gelegenheit, Ihre Werke zu entdecken. Dies veranlasste mich, Ihnen zu schreiben und mit Ihnen in Verbindung zu treten.*

Und Bada las weiter: *Meister Shanren, Ihre Malereien und Kalligraphien sind das Großartigste und Beste, was ich kenne. Ihre Blätter sind für die Ewigkeit. Sie sind unter vielen verschiedenen Namen im Umlauf oder im Besitz von Eseln, aber ich gehöre zu den wenigen, die wissen, dass sie alle von derselben Hand gemalt wurden, die jetzt dieses Papier hält. Mir hatte es ein Mönch anvertraut, der beim Abt Hongmin in die Lehre gegangen war und nicht aufhören konnte, von Ihnen zu sprechen. Wenn Euch dieser Brief je erreichen sollte, so heftet ihn an Eure Tür, damit ihn die Vorübergehenden lesen und erfahren, welch großer Meister unter ihnen lebt. Ich bitte Euch eindringlich, mir diesen Gefallen zu tun, Eurem Bewunderer und Vetter zuliebe, dem sich verneigenden Shitao.*

Bada mochte es nicht, wenn Leute auf ihn aufmerksam wurden und seine Ruhe störten. Dennoch tat er, was der Briefschreiber wünschte und heftete Shitaos Sätze außen an seine Wohnungstür.

In der Tat blieben auch einige Vorübergehende für kurze Zeit stehen. Doch sie konnten sich keinen Reim darauf machen, wie der Meister, von dem die Rede war, in solch ärmlichen Verhältnissen lebte und hielten das Ganze für eine Selbstbeweihräucherung eines verhärmten und irr gewordenen Alten.

40

Das unvermittelte Auftauchen eines Weggenossen aus der totgeglaubten Vergangenheit empfand Bada Shanren als großes Glück, als gäbe es irgendwo ein riesiges Auge, das Zusammengehörige erkenne und Schnittpunkte in ihre Wege lege.

Der Staub und die Dürftigkeit seiner Unterkunft waren vergessen, seine Gedanken zogen ihn immer öfter in die Fischerhütte zurück, ans Wasser.

Ein feiner Regen fiel, dann brach die Sonne wieder durch. Die feuchten Äste und Felsflächen glitzerten. Die Berge schimmerten blau, Vögel ließen sich auf der Hütte nieder und sangen. Er erwachte, ging hinaus auf das taunasse Gras und sang mit ihnen.

Noch immer in frühere Bilder versunken, rollte er das Papier auf dem niedrigen Tisch aus. Er füllte das Becken des Reibsteins und rieb Tusche an. Er schwärzte den Pinsel und zog ihn über die Rundung des Pfirsichsteins, bis er nicht mehr tropfte.

Mit raschen, treffsicheren Strichen ließ er im oberen Drittel des langen Rechtecks einen schlanken Fisch aus der weißen Fläche auftauchen. Fünf kleine Flecken genügten, um ihm Flossen zu geben. Den Rücken und die Schwanzflossen malte er aus, den Bauch ließ er weiß. In ein kleines Oval setzte er einen Punkt.

Das war das Auge des Fisches.

Das untere Drittel der Papierfläche füllte er mit den rundlichen Konturen eines Felsens, dessen Form durch die untere rechte Blattecke abgeschnitten wurde. Mit einigen breiten und festen, leicht gebogenen Pinselzügen verlieh er dem Brocken Tiefe.

Auf den Stein setzte er einen Vogel, der seinen Kopf umgedreht und den schweren Schnabel auf den Rückenfedern abgelegt hatte. Mit einer Linie deutete er die Schnabelhälften an, zog die Linie weit nach hinten, erst unmittelbar unter dem Auge ein wenig nach oben, so dass der Vogel zu lächeln schien.

Das Vogelauge unterschied sich nicht von demjenigen des Fisches. Aber der Blick des Fisches verlor sich irgendwo jenseits des Blattrandes, wo es nichts mehr zu sehen gab, während der Rabe den Fisch im Auge hatte, der über ihm schwebte. Oder war es eine Ente, kein Rabe? Oder hatte er den Fisch im Auge, der unter ihm schwamm?

Zuletzt beschriftete er das Blatt mit seinen Namenszeichen. Dazu benutzte er die linke obere Ecke des Bildes. Etwas weiter unten, an den Rand, setzte er sein Siegel.

Die Zeichen *ba da shan ren* standen nun genau in der Blickrichtung des Fisches. So hatte dessen Auge am Ende doch einen Blickfang – blickte nicht mehr ins Leere, sondern auf den Mann auf dem Berg der acht Himmelsrichtungen.

Vogel, Fisch, Fels, Hängerolle (Ausschnitt)

41

Eines Morgens hörte Bada Shanren ein Klopfen an der Tür. Er öffnete und sah einen Mann vor sich mit feinen Gesichtszügen, der ein teures Gewand trug. Der Fremde begrüßte ihn mit ausgesuchter Höflichkeit.

– Meister Bada? Mein Name ist Fang Shihuan, Kunstagent aus Yangzhou. Ich habe eben den Brief des großen Shitao an Eurer Tür gelesen. So wusste ich, dass ich am Ziel meines Lebens angekommen bin!

Schweigend kochte Bada Tee für seinen Gast.

Sie setzten sich auf die Kissen am Boden.

Bada fragte nicht, ob sein Vetter Shitao ihn hergeschickt habe. Es wäre auch kaum möglich gewesen, irgendeine Frage zu stellen, denn Fang sprach wie ein Wasserfall.

– Meister, sagte er, es sind schon so viele bekannte Sammler und Kunstliebhaber an mich herangetreten und haben sich nach Arbeiten aus Eurer Hand erkundigt. Wenn ich als Euer Agent auftreten dürfte, ginge mein größter Wunsch in Erfüllung!

Bada hieß ihn sitzen zu bleiben.

Er öffnete die Kästen aus Sandelholz und holte seine Sammlung von Albumblättern hervor. Er legte die Blätter vor den Kunsthändler auf die Matte, eins nach dem andern.

Fang Shihuans Augen glänzten.

Über seine Lippen kam kein Wort mehr.

42 Bada Shanren saß vor einem unbemalten Blatt Papier, hielt den Pinsel bereit und wollte ihn ansetzen – doch ein Gedanke hielt ihn gefangen.

Wie kommt es, dass diese bittere Welt plötzlich, aus düsterem Himmel, zu zeigen weiß, dass man sie trotz allem liebt und dass es trotz allem schwer sein wird, sie zu verlassen? Die Reise des Todes kann man nicht selbst antreten, aber vielleicht liegt im Entschluss zu gehen, aufzubrechen, abzureisen, die ganze Wissenschaft des Weisen.

Jetzt tauchte er den Pinsel entschlossen ins Tuschebad und schrieb in einem Zug auf das Blatt: *Ich werde in die Berge gehen, dort wo die Bäume alt und verdorrt sind, wie ich selbst, und die Schluchten werden in den leeren Raum emporsteigen.*

Daraufhin zeichnete er auf dem daneben liegenden Blatt mit einfachen Linien einen Maulesel; auf dessen Rücken kauernd einen Mann mit einem breitkrempigen Fischerhut.

Bada nahm einen sauberen Pinsel, tauchte ihn in eine Schale mit klarem Wasser und benetzte das Papier um die Figur des Reiters herum.

Er wechselte wieder zum Tuschepinsel. Während er ihn in geringer Höhe über dem Papier hielt, drückte er mit zwei Fingern der linken Hand die Tusche aus. Sie tropfte auf das feuchte Papier, wo sie sich schnell ausbreitete.

Nun griff er zum Pinsel mit den abgeschnittenen Haaren, der borstig war wie ein Reisigbesen. Diesen rieb er an einer Tuschetablette, die er zuvor leicht befeuchtet hatte. In fahrigen Bewegungen wischte er damit über das Blatt. Es erschienen Konturen eines Weges, eines hohen Baumes, einiger Äste.

Der Esel führte seinen Reiter in eine verschwommene Nebelbank hinein. Das brave Tier hatte seinen Kopf zur Seite gedreht. Seine Ohren waren aufgerichtet. Es blickte Bada, der es malte, mit großen weiten Augen an: Die Welt liegt hinter uns, aber in welchen Traum reiten wir hinein, Versunkener? Wann werde ich dich tragen?

Landschaft mit Reiter, Albumblatt

43 Viele Monate waren vergangen, als ihm von einem Fremden, der sich als ein Freund Shitaos zu erkennen gab, ein Brief ausgehändigt wurde. Er las:

Vetter Bada, ich habe Euren Brief erhalten. Ich habe nicht früher darauf geantwortet, da ich krank war. Dasselbe gilt für Briefe, die ich von anderen erhalten habe. Heute kehrt ein Freund nach Nanchang zurück. Ich habe ihn beauftragt, dieses Schreiben zu überbringen, dem ich ein kleines Bild beifüge. Das Bild zeigt den Pavillon der Großen Klarheit am Ufer eines Flusses, umgeben von Bäumen. Im oberen Teil sitzt ein Alter in der Mitte eines nackten Felsens. Auf dem Blatt ist noch Raum. Wollt Ihr bitte einige Worte hinzufügen? Das Bild wäre mir dann, wie soll ich sagen, unentbehrlich. Das Ganze wird den kostbarsten Schatz darstellen, den ich besitzen werde.

Bada Shanren entrollte das beigelegte Bild und betrachtete es für eine Weile. Dann las er weiter: *Nach dem, was ich sagen hörte, geht Ihr trotz Eurer vierundsiebzig oder fünfundsiebzig Jahre noch hurtig auf die Berge hinauf. Ihr gleicht den Unsterblichen! Was mich betrifft, Zhu Da, nähere ich mich den sechzig und bin nicht mehr in der Lage zu Großem.*

Bada legte den Brief nieder, griff zu Tusche und Reibstein und nahm den Pinsel in die Hand.

Er vervollständigte das Bild durch einen kleinen Wasserfall und mit Blättern, die die Herbststimmung betonten. Dann malte er diese Worte in den frei gebliebenen Raum: *Über dem Pavillon der Großen Klarheit öffnen sich helle Wolken, unendlich hoch, als die neue Liste der Unsterblichen aus der violetten Kammer herausgetragen wird. Der Himmel hat bereits seine Flügel entfaltet, und nichts vom alten Staub und Dreck bleibt in der Welt.*

Als das Bild trocken war, rollte er es auf und übergab es einem Boten, der Shitao irgendwann gewiss erreichen würde.

44

Allenthalben begannen die Noblen und Reichen die Erzeugnisse seines Pinsels zu schätzen. Man lud ihn ein, und er ließ sich gar nicht ungern dazu überreden, wenn man ihm guten Wein versprach.

Freilich spekulierten die Gastgeber damit, dass Bada Shanren, einmal angeheitert und in die richtige Stimmung versetzt, zum Pinsel griffe und ihnen eine unsterbliche Tuschezeichnung hinterließe. Wollte ein Sammler, solange Bada nüchtern war, auch nur ein Albumblättchen mit einigen Zeichen von ihm haben, bekam er es nicht. Selbst wenn der Betreffende einen Goldbarren vor ihn hingelegt hätte, es hätte nichts bewirkt. So versuchten diese Leute auf andere Weise an seine Bilder heranzukommen, etwa indem sie vortäuschten, auf seine Werke gar nicht erpicht zu sein.

Als er eines Abends zu einem kleinen Trinkgelage eingeladen war, das ihm ganz unverfänglich schien, fand Bada neben seinem Platz einen Eimer voll Tusche und etliche Rollen Papier. Pinsel in allen Größen hingen griffbereit von der Decke herunter.

Anfangs übersah er sie einfach. Man trank viel Wein, lachte, klopfte sich auf die Oberschenkel. Er vergaß sich.

Doch irgendwann, viel später, griff einer der Anwesenden, ein bekannter Schauspieler, wie es hieß, nach dem größten Pinsel und begann ihn zu liebkosen, als streiche er das Haar seiner Geliebten. Er hielt den Pinsel von der Größe eines Besens umgekehrt in den Armen und besang ihn in tiefen röchelnden Tönen.

Diese kleine Darbietung wurde übermütig beklatscht. Da sprang Bada auf die Füße und nahm dem Schauspieler den Pinsel ab. Er senkte den Pinsel tief in den Bottich und rührte den Tintensaft wie eine Suppe. Der Gastgeber, schon innerlich jubilierend, hatte sogleich eine der Papierrollen geholt und legte nun, mit Hilfe einiger der andern Gäste, vier oder fünf Bahnen nebeneinander aus, so dass fast die ganze Bodenfläche wie mit einem Teppich bedeckt war.

Alles sang und brüllte durcheinander, als sich Bada mit dem schweren, triefenden Pinsel in die Mitte des Raumes stellte. Nun begann er, erst langsam, dann immer schneller, sich damit im Kreis zu drehen, so dass die vom Pinsel abfließende Farbe eine feine Zirkelspur bildete. Als der Pinsel zu tropfen aufgehört hatte, trat Bada aus dem schwarzen Ring heraus und bemalte die Kreisfläche, als kehre er eine kleine Manege mit dem Besen. Die nasse Tusche glänzte wie Lack im Schein der Laternen.

Daneben malte er sogleich eine zweite runde Insel, wobei er diesmal beim Kreisen seines Körpers die Pinselspitze über das Papier gleiten ließ, bevor er die entstandene Figur schwarz ausfüllte. Und so malte er hintereinander lauter größere und kleinere Kreise, die sich allesamt berührten, aber nie überschnitten. Die ausgesparten weißen Flächen erschienen nach und nach als vierzackige Formen, die allein aus geschwungenen Linien bestanden.

Als er auf diese Weise die ganze Papierfläche mit schwarzen Kugeln bedeckt hatte, hing er den Pinsel wieder am Deckenbalken auf und triumphierte:

– Ein Himmel voller Sterne!

Aber kaum hatte er diese Worte ausgesprochen, packte er unversehens den Eimer, der noch halb voll war und schüttete den Rest der Tusche über das Papier aus. In kurzer Zeit hatte er die verbleibenden weißen Partien mit seinen Sandalen schwarz verschmiert und verrieben, wobei er fürchterliche Schreie ausstieß. Einige sprangen auf, fassten ihn an den Armen und an der Brust, doch Bada schüttelte sie ab und durch das Handgemenge tönte seine Stimme:

– Seht, seht, die schwarzen Sterne im schwarzen Himmel! Die Dunkelheit ist ein Universum!

45

Er staunte, als ihn eines Tages ein Antwortschreiben seines Vetters Shitao erreichte, in dem er sich für Badas Worte über dem Bild des Einsiedlers bedankte. Mit dem Brief kam eine kleine Handrolle. *Das Bild, das ich Euch geschickt habe, heißt* Tausend wilde Tuschetupfer, schrieb Shitao. *Es sind die Spuren meines Pinsels, den ich aus Freude über Eure Worte über das Blatt tanzen ließ. Ich hätte eigentlich eine Orchidee zeichnen sollen oder Bambus oder einen Reiher, aber das hieße dem Meister das Wasser reichen. Indes sind diese bescheidenen Tupfer der Beginn von alledem, die Freude des Pinsels. Werden wir uns je begegnen?*

Bada entrollte das Bild und ließ es auf sein Gemüt wirken.

Tuschepunkte waren durch feine Streben verbunden. Das entstandene Muster glich den Spuren von Borkenkäfern, die man unter der Baumrinde findet. Dazwischen gab es auch korallenartige Gebilde mit Knoten oder ein Muster aus lauter kleinen Ovalen. Nur am linken Blattrand war eine größere zusammenhängende Farbmasse zu sehen, die wiederum aus klumpigen Gebilden mit feinen Verästelungen bestand.

Als Bada das ausgerollte Bild an die Wand heftete und von der anderen Zimmerseite aus betrachtete, hatte es sich verändert. Jetzt sah er nicht bloß eine Menge scheinbar bedeutungsloser Punkte, Striche und Flecken, sondern den Ausschnitt eines blühenden Gartens mit obstbehangenen Ästen, üppigen runden Büschen, wilden Orchideen, einem gedrungenen, verdorrten Baumstamm und weit ausgespannte Zweige mit feinen Blütenblättern.

Er musste lächeln.

Fast wäre es seinem Vetter gelungen, ihm ein Schnippchen zu schlagen.

46

Mit der Zeit nahm Bada seltener an Trinkgelagen teil, und nach einigen Jahren blieb er ihnen sogar ganz fern.

Mit jedem Jahr, das er älter wurde, kam ihm die Gegenwart unwichtiger und schaler vor. Erinnerungen an weit zurückliegende Ereignisse tauchten wieder auf. Er versuchte sich zu entsinnen, wie er damals, als junger Mann, über die Welt gedacht hatte. Er erinnerte sich der Augen seines Vaters und dessen Lippen, die sich bewegten, ohne dass ihnen je ein Wort entglitten wäre, den Vater, den er dennoch stets verstand.

Er hatte erstmals wochenlang nicht mehr gemalt. Stattdessen saß er stundenlang fast regungslos in einer Ecke und hing seinen Gedanken nach.

Plötzlich besann er sich wieder der Tuschepillen, die ihm einst der Abt Hongmin geschenkt hatte. Bisher hatte er sie nicht angerührt. Er suchte und fand sie auf Anhieb in einer Schatulle. So rieb er nun zum ersten Mal die Tusche des großen Tuschemachers Pan Gu. Dann legte er sich ein kleines Blatt zurecht und tränkte den Pinsel.

In der Mitte des Blattes malte er einen Fisch von der Seite, mit schimmernd violettem Rücken und silbernem Bauch, die Schwanzflosse fast halbrund, wie der Flaum eines unbenetzten Pinsels. Der Fisch hielt seinen Mund halb geöffnet, als wollte er eben etwas sagen. Sein linkes Auge blickte hinauf zum Blattrand mit einem Ausdruck, in dem sich Angst, Argwohn, Abgeklärtheit und Verachtung mischten.

Dieses Auge war ein kleiner schwarzer Punkt, der am oberen Rand des Ovals klebte, das ihn umgab.

Der Fisch schwamm von rechts nach links über das Blatt.

Bada malte nur diesen einzelnen Fisch und keinen anderen und setzte seinen Namen auf das Blatt.

Er war schon längst untergegangen, aber er lebte noch immer. Nur fürchtete er sich jetzt vor der Trockenzeit, wenn die Tusche nicht mehr floss und das Leben ganz aufgerieben war.

So sah er sich.

47

Da das Reiben der Tusche immer mühseliger wurde, machte Bada mitunter nur mehr Bewegungen mit dem trockenen Pinsel.

Dennoch malte er Tag für Tag, wenn auch keine Bilder entstanden.

Er war noch nicht zufrieden mit sich, er wollte endgültig alle Geschwätzigkeit seiner früheren Bilder ablegen.

Nun benutzte er ausschließlich die Tusche von Pan Gu, wenn auch mit größter Sparsamkeit.

Wie viele Striche blieben ihm noch, bis die letzten Tuschetabletten zerrieben wären? Unzählige?

Wahrlich keine leere Redensart, dachte er, dass die Tusche den Menschen aufreibt und nicht umgekehrt.

Tiefe Nacht, die Öllampe blakte.

Das Geräusch schweren Regens, der Wind, der am Fenster rüttelte.

Er fand keinen Schlaf. Er dachte an die feinen Spangen aus polierter Jade im Haar seiner Frau.

Warum alterte diese Erinnerung nicht?

48 Oder er tauchte den Pinsel in eine Schale mit klarem Wasser und malte unsichtbare Figuren auf die Blätter.

Er hatte sich ein letztes Ziel gesetzt.

Er wollte fließendes Wasser malen.

Stundenlang übte er mit farblosem Pinsel, bis ihm der Arm schmerzte. In der oberen rechten Blattecke setzte er den Strich an, zog den Pinsel hinunter, machte einen lang gezogenen Bogen nach links, während er gleichzeitig den Druck auf den Pinsel verringerte, und ließ den Strich wieder abfallen, indem er den Pinsel langsam vom Blatt abhob und an die Brust zog. Da, wo der Strich sich aus der Vertikalen nach links wendete, setzte er jetzt eine zweite Linie an, die er zuerst hinunter und dabei etwas nach rechts zog, um dann, parallel nach unten versetzt, den Verlauf des ersten Striches nachzuahmen, bevor er die beiden Strichenden schließlich mit einem Halbkreis verband.

Als er seine Hand diese drei Bewegungen gelehrt hatte, legte er den Pinsel weg und vollführte die Bewegung für einige Tage auf dem weißen Blatt, allein mit den Fingern.

Er breitete viele Blätter auf dem Tisch aus. Nachts, in der Dunkelheit, benetzte er die Kuppe seines Mittelfingers in einem Tuschebad und ließ seinen Finger die drei geschwungenen Bewegungen vollführen, ohne dass er die Tuschespuren in der Dunkelheit hätte erkennen können.

So ging es die ganze Nacht.

Als am Morgen das erste Licht den Tisch bestrahlte, erschien darauf ein Schwarm von Fischen, die in die Tiefe des Raumes abtauchten.

Bada durchströmte eine große Ruhe. Er rieb die Tusche, langsam wie nie, ins Wasser, bis es die richtige Schwärze hatte. Er tränkte den Pinsel und strich die tropfende Farbe am Pfirsichstein ab. Er schloss die Augen und vollzog die Striche mehrmals in Gedanken, ehe er den Pinsel ansetzte.

Endlich ließ er, noch mit halb geschlossenen Augen, in tiefer Konzentration, aus dem Handgelenk den Pinsel eine Linkskurve beschreiben, die erst breit und wässerig verlief, da er den Pinsel niederdrückte, dann feiner wurde, als er den Pinsel hochzog. Dann verdoppelte er diese geschwungene Linie etwas weiter unten, setzte am unteren Ende des ersten Strichs einen Flecken in der Form eines spitzen Segels und am Auslauf des zweiten Strichs eine kleine Mondsichel, deren konkave Seite nach links gerichtet war.

Von der unteren Spitze der Mondsichel zog er zwei parallele Striche in einem engen Halbkreis zum Ende des höher liegenden ersten Strichs. Zuletzt bedeckte er den schmalen weißen Streifen zwischen den beiden gerundeten Strichen mit einer Schraffur und setzte zwei dicke Punkte rechts und links an den inneren Rand der Rundung.

Alles war in wenigen Sekunden geschehen.

Dann legte er seinen Pinsel beiseite, machte das Bild an der Wand fest, wanderte zur Stadt hinaus, auf einen Berg.

Er erinnerte sich der Worte des Meisters.

Ist die Hand unendlich gelenkig und flink, so wird es auch die Zeichnung sein und in verschiedene Richtungen gehen. Die Zeichnung zeichnet nur die Bewegung deiner Hand nach, sie ist ein Abbild ihres Tanzes. Bewegt

Wels, Albumblatt

sie sich schnell, gewinnt die Zeichnung an Dynamik, bewegt sie sich langsam, gewinnt sie an Gewicht und Intensität. Der Pinsel, den eine begnadete Hand führt, vollbringt Dinge, denen der Kopf nicht folgen kann, die über ihn hinausgehen. Und wenn sich das Handgelenk mit dem Geist bewegt, enthüllen die Hügel und Bäche ihre Seele.

Als er an diesem Abend von der Wanderung zurückkehrte, blickte ihn der Wels an der Wand aus winzigen Äuglein an.

Bada sah das Wasser und seine Hand kam ihm plötzlich wie eine Flosse vor.

49

Anderntags setzte er sich hin und schrieb einen Brief, den er an seinen längst verstorbenen Meister richtete.

Meister, heute sitze ich hier, Bada Shanren, und versuche mir selbst meine Frage nach der fehlenden Lektion zu stellen, die Ihr zu beantworten Euch gescheut hattet. Meine Antwort ist: Die Lektion des ersten Strichs. Enthält denn der erste Strich nicht schon die ganze Zeichnung? Er muss lange vorbedacht werden, vielleicht ein Leben lang, um ihn dann, im richtigen Moment, in einer einzigen flüssigen Geste zu Papier zu bringen, ohne einer Korrektur mehr bedürftig und fähig zu sein. Der erste Strich ist das Fundament, er ist das innere Gesetz der äußeren Geste. Alle weiteren Striche folgen sozusagen wie von selbst. Der angehaltene Fluss der schwarzen Tusche, die aufgehobene Bewegung, daraus entsteht alles Sichtbare und Fühlbare. Steine und Teiche, Flüsse, Wasserfälle und Berge, Lotusblüten, Rosen, Orchideen, Fuchsien, Chrysanthemen und Kiefern, Bambus, Zedern, Küken, Krähen, Adler und Fische. Substanz, Duft, Belebung, Weichheit, Geräusch, Witterung, Gedanke und Gefühl. All dies ist die Linie. Am wichtigsten aber ist der erste Strich. Das ist meine Antwort, Meister. Anerkennt Ihr sie?

50

Badas rechte Hand war so müde und schwach geworden, dass er den Pinsel kaum noch zu halten vermochte. Er war nun bereit, die letzte Reise anzutreten, ohne jedes Gepäck. Ohne Pinsel und ohne Tusche.

Als ihn die letzten Kräfte unaufhaltsam verließen, griff er noch einmal zum Pinsel und öffnete das kleine Gefäß, das fertige Tusche enthielt.

Mit klammer Hand tauchte er den Pinsel ein.

Die Pinselspitze näherte sich dem Blatt.

Eine letzte feine Berührung des Papiers, so sanft, als gelte es, den Flügel eines Schmetterlings mit Farbe zu betupfen.

Seine Augen schlossen sich. Für einen Moment sah er noch die Dunkelheit hinter seinen Augenlidern, dann senkte sich sein Kopf auf das Kissen.

Der Pinsel entglitt seiner Hand und fiel auf sein weißes Hemd. Eine schwarze Spur ziehend, rollte er langsam über seine Brust. Der Stoff sog die Flüssigkeit auf, rasch verbreitete sich die Spur.

Ein winziger schwarzer Stern strahlte im Zimmer in alle Himmelsrichtungen

–

51

·

Nachwort

In der Chronik des Klosters der Grünen Wolke soll sich der Vermerk gefunden haben, dass sein Gründer Zhu Da 1705 im Alter von achtzig Jahren starb. Neben dem Geburts- und Todesjahr sind nur spärliche Fakten aus der Lebensgeschichte des Prinzen von Yiyang bekannt, der sich zum Maler Bada Shanren machte. Die wenigen zeitgenössischen Berichte sprechen von seinem Wahnsinn; heute neigt die Forschung eher zu der Ansicht, darin eine bewusste Manipulation des Verhaltens zu sehen, um einer Vereinnahmung durch das verhasste Regime zu entgehen. Stand Zhu Da im Mittelpunkt der einen Dynastie, fiel er in der folgenden aus dem Rahmen. Hier wurde entlang der überlieferten Lebensdaten und Anekdoten Zhu Das Weg erzählt, dessen Verlauf allerdings erfunden ist und der von Anfang an nur halb so breit ist, wie er sein müsste, denn das Werk des Dichters Bada bleibt unberücksichtigt. Von Bada Shanren sind 179 datierte Bilder und Alben mit Malereien und Kalligraphien erhalten. Sie zeigen Berge, Wälder und Flüsse, viele verschiedene Arten von Pflanzen, Vögeln und Fischen – und scheinen doch immer Selbstbildnisse zu sein. *Meer der Tusche* ist ein Versuch, in die Bilder hineinzuhorchen, ihnen Worte zu entlocken, sie erzählen zu lassen. Mein Dank gilt Tom Lawton, ehemaligem Direktor der Freer and Sackler Galleries, Smithsonian Institution, Washington, D.C., für die betörende private Schau von Rollbildern und Albumblättern im Keller des Museums, ferner Alexandra von Przychowski am Museum Rietberg Zürich für ihre Hilfe und meinem Bruder Hugo K. Weihe für die Hängerolle, die er mir vor Jahren schenkte: ein Vogel, der zufrieden auf einem Apfel sitzt. Oder ist es ein Kürbis? Und warum sitzt er darauf wie auf einem Ei? Will er alle Bedeutungen ausbrüten? Es ist eben ein Bild von Bada Shanren, und der Vogel sitzt in Wahrheit auf einem Änigma in der Form des Bekannten. Das weckte meine Neugier.

Quellenverweise

An mehreren Stellen habe ich mich von François Chengs Monographie über *Chu Ta (1626–1705): La génie du trait* (Paris: Phébus, 1986) und seinen feinfühligen Einweisungen in Badas Bildsymbolik leiten lassen. So habe ich in Kap. 21 den historisch belegten Gebrauch metaphorischer Namen für verschiedene Pinselstriche als Idee übernommen. Cheng zitiert ein kurzes Gedicht von Liu Yuxi (772–842), das ich in Kap. 25 eingearbeitet habe; in der Bildbeschreibung der beiden Küken in Kap. 28 verwende ich einen Vierzeiler des Dichters Fei Sihuang aus dem 18. Jahrhundert und in Kap. 36 Gedichtzeilen von Wei Zhuang (836–910); als Vorlage für den Brief in Kap. 43 diente ein vollständig zitiertes Schreiben von Shitao an Bada Shanren. Chengs Deutung der Blumenstacheln als «sentinelles armées et vigilantes de la beauté» habe ich mir für die Beschreibung in Kap. 26 angeeignet. Ferner enthält meine Bildbeschreibung in Kap. 30 (*Fische und Felsen*) einen Gedanken von Cheng – «Mais rien ne les presse à vrai dire: leur amitié a toute l'éternité devant elle» –, und in Kap. 34 nehme ich seine in Klammern gesetzte Frage «Arbres et rochers, voilés par le rideau de la pluie (ou par celui des larmes?) ont comme un geste d'adieu» als Ausgangspunkt für meine Interpretation des Bildes vom abgeschnittenen Haus. Kap. 42 enthält ein wörtliches Zitat von Cheng: «Savoir partir: toute la science du sage», schreibt er und fragt: «D'où vient pourtant que ce monde amer à tel point sache se faire aimer, à tel point soit dur à quitter?»

Wang Fangyus und Richard M. Barnharts Begleitbuch zur Ausstellung *Master of the Lotus Garden: The Life and Art of Bada Shanren 1626–1705* (New Haven, Connecticut: Yale University Art Gallery, 1990) ist die erste umfassende Bestandsaufnahme des Werks von Bada Shanren. In Kap. 25 verwende ich einige Zeilen eines Gedichts von Bada, das Wang Fangyu auf Englisch zitiert. Zudem diente mir die Übersetzung eines weiteren Originaltextes als Vorlage für den Brief in Kap. 35.

In seinem Aufsatz «Zur Biographie des Pa-ta shan-jen» in *Asiatica: Festschrift Friedrich Weller zum 65. Geburtstag* (Leipzig: Otto Harrassowitz, 1954), S. 119–130, versammelt Herbert Franke historische Dokumente zum Leben von Bada Shanren in deutscher Übersetzung. In Kap. 32 verwende ich Auszüge aus Shao Zhanghengs Erinnerungen an ein Treffen mit Bada. Chen Tings Aufzeichnungen über Badas Leben waren eine unerlässliche Quelle, insbesondere seine Hinweise auf Badas Wahnsinn und die verschiedenen Namen, die er sich gab. In seinem Buch *Kulturgeschichtliches über die chinesische Tusche* (München: Bayerische Akademie der Wissenschaften, 1962) legt Herbert Franke Übersetzungen der wichtigsten Passagen aus chinesischen Traktaten über die Tusche vor. Neben vereinzelten Stellen verdanke ich dieser Quelle den nötigen Hintergrund für Kap. 16.

Einige Thesen aus Shitaos Traktat über die Malerei – «Shih-t'ao: Quotes on Painting» in *Aesthetics: The Classic Readings*, hg. von David E. Cooper (Oxford: Blackwell Publishers, 1997), S. 65–75 – habe ich Bada Shanren selbst oder seinem (von mir erfundenen) Lehrer Meister Hongmin, in den Mund gelegt. So in Kap. 33 Shitaos 3. These, wonach die beste Methode der Malerei «die Methode der Nicht-Methode» sei; die 4. These, in der Shitao den Malprozess als stufenweise Vermittlung der Bildidee über das Handgelenk, den Pinsel und die Tusche auf das Blatt beschreibt, ist in Kap. 15 eingeflossen, in Verbindung mit Gedanken zu der Funktion von Tusche, Pinsel und Bildmotiv aus These 18. Die überragende Bedeutung der Funktion des Wassers, derselben These entnommen, spielt zudem in Kap. 22 eine Rolle.

Der Satz des Vaters in Kap. 4 «Ein Weg kommt zustande, indem er begangen wird» ist eine Spruchweisheit aus dem Werk des Philosophen Zhuang Zhou aus dem 4. Jh. v. Chr. und folgender Ausgabe entnommen: *Zhuangzi – Das klassische Buch daoi-*

stischer Weisheit, hrsg. und kommentiert von Victor H. Mair, aus dem Amerikanischen von Stephan Schuhmacher (Frankfurt am Main: Krüger, 1998). Diesem Werk ist auch die Schlussfrage in Kap. 7 entlehnt. Der in Kap. 15 entwickelte Gedanke einer Einheit des Verschiedenen übernimmt eines der zentralen Theoreme des Zhuangzi: «Dies ist auch das, das ist auch dies.» Die Traumbegegnung am Ende von Kap. 24 zitiert einige Sätze aus der Anekdote vom Goldbarsch und der kleine Lehrdialog in Kap. 31 über die Freude der Fische ist eine veränderte Fassung eines Wortwechsels zwischen Meister Zhuang und Meister Hui.

Bildnachweise

Fisch (Schutzumschlag)
Albumblatt aus einem Album mit 22 Blättern, teilweise datiert 1694 und 1702 (The Anwan Album).
Tusche auf Papier. Sammlung Sumitomo, Sen-oku Hakuko Kan, Kyoto, Japan.

Lotusblume
Albumblatt, zwischen 1689–1692.
Tusche auf Papier. Privatsammlung, China. Foto: alle Rechte vorbehalten.

Kalmus
Albumblatt aus einem Album mit 11 Blättern, um 1683.
Tusche auf Papier, 30,2 x 30,2 cm. Princeton University Art Museum. Gift of Mrs. George Rowley in memory of Prof. George Rowley. Foto © 2002 Trustees of Princeton University. Alle Rechte vorbehalten.

Blütenzweig mit Stacheln
Albumblatt.
Tusche auf Papier. Privatsammlung, China. Foto: alle Rechte vorbehalten.

Zwei Küken
Albumblatt aus einem Album mit 16 Blättern, teilweise datiert 23./24. Juni 1693.
Tusche auf Papier. Shanghai Museum.
Foto: alle Rechte vorbehalten.

Fische und Felsen
Hängerolle, datiert 1696.
Tusche auf Papier, 134,6 x 60,6 cm. Bequest of John M. Crawford, Jr., 1988, © The Metropolitan Museum of Art, New York, alle Rechte vorbehalten.

Landschaft mit Hütte
Albumblatt aus einem Album mit 12 Blättern, datiert 1699.
Tusche und helle Farbe auf Papier, 21,3 x 16,8 cm. Bequest of John M. Crawford, Jr., 1988, © The Metropolitan Museum of Art, New York, alle Rechte vorbehalten.

Zwei Spinnen
Albumblatt aus einem Album mit drei Blättern, datiert 1691.
Tusche auf Papier, 34,5 x 27,1 cm. Sammlung Wang Fangyu und Sum Wai. Abdruck mit freundlicher Genehmigung Nachlass Fred Fang Yu Wang.

Vogel, Fisch, Fels
Hängerolle, datiert 1694.
Tusche auf Papier, 127,5 x 36,5 cm. Sammlung Charles A. Drenowatz, Museum Rietberg, Zürich. Foto © Wettstein & Kauf.

Landschaft mit Reiter
Albumblatt aus einem Album mit 12 Blättern, datiert 21. Dezember 1699.
Tusche und helle Farbe auf Papier, 21,3 x 16,8 cm. Bequest of John M. Crawford, Jr., 1988, © The Metropolitan Museum of Art, New York, alle Rechte vorbehalten.

Wels
Albumblatt aus einem Album mit neun Blättern, datiert Frühling 1691.
Tusche auf Papier. Privatsammlung, China. Foto: alle Rechte vorbehalten.

Enrique Vila-Matas
Die merkwürdigen Zufälle des Lebens
Roman, 160 Seiten
ISBN 3-312-00305-9

Schriftsteller und Spione, geheime Liebschaften und Voyeure, eine kleine Familie und ihr kühnes Oberhaupt: kunstvoll, komisch und temporeich zeigt der Roman über den Tag im Leben eines Schriftstellers, wie sich übermäßige Neugier zuweilen fatal auf die Gesundheit auswirken kann.

«Lesen Sie ohne Umschweife, setzen Sie sich in einen Zug oder in die nächstbeste Sesselecke – und vergessen Sie für ein paar Stunden den Rest Ihrer Angelegenheiten.»
Felicitas Hoppe, *Der Spiegel*

N & K

Die schönsten Gedichte der Schweiz
Herausgegeben von Peter von Matt
und Dirk Vaihinger
260 Seiten. Gebunden
ISBN 3-312-00306-7

In der Auswahl der Gedichte verbindet sich der Kontext ihrer historischen Entstehung mit dem Anspruch künstlerischer Brillanz. Robert Walser, Ernst Burren, Silja Walter und das Cabaret Cornichon sind nur einige der Namen, die diese Sammlung zu einem unverzichtbaren Kompendium der modernen Lyrik machen.

Die schönsten Gedichte der Schweiz bieten in loser chronologischer Abfolge, mit einem Nachwort der Herausgeber versehen, einen facettenreichen Spiegel des 20. Jahrhunderts. Diese Anthologie gehört in die Hausapotheke jedes guten Bücherregals und eignet sich für den gelegentlichen Leser ebenso wie für den anspruchsvollen Spezialisten.

«Es gibt nur wenige Wegezeiger, die einen so spannend wie elegant in die Welt der Gedichte lotsen können wie Peter von Matt. Beschenkt kehrt man vom glashell gewordenen Gedichtgenuss auf den Boden zurück.»
Die Weltwoche

N & K